NOTICE HISTORIQUE

sur

LES DEUX MONASTÈRES, LE VILLAGE, L'ÉGLISE, LE COLLÉGE

ET LE CHATEAU

de

PUELLEMONTIER

Suivie d'une courte Notice sur l'abbaye de Boulancourt

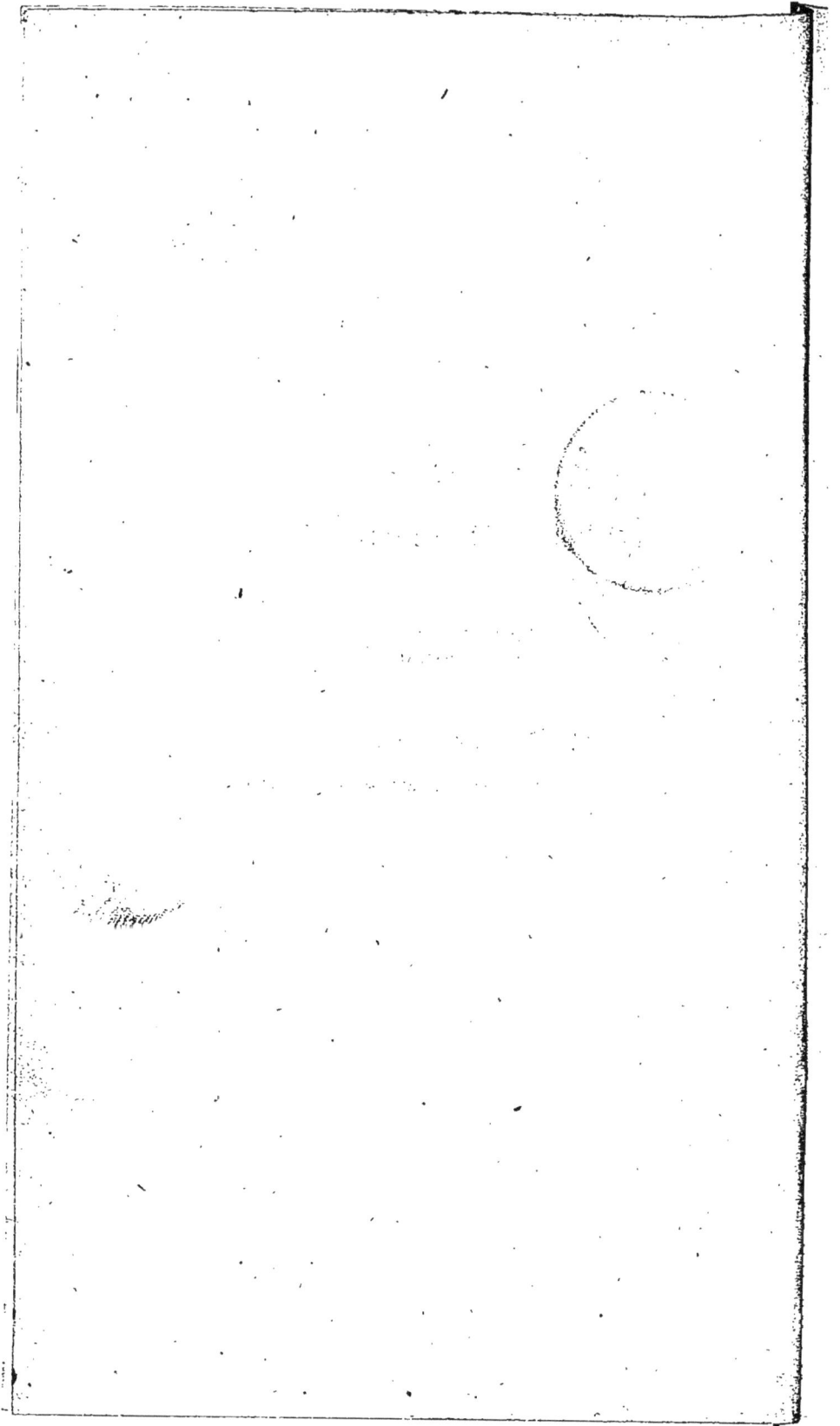

NOTICE
HISTORIQUE

SUR

LES DEUX MONASTÈRES, LE VILLAGE, L'ÉGLISE, LE COLLÉGE

ET LE CHATEAU

DE

PUELLEMONTIER

Suivie d'une courte Notice sur l'abbaye de Boulancourt

PAR

M. L'ABBÉ C. DIDIER

CURÉ DE LA PAROISSE

———✕———

> Le passé est un vieillard vénérable ; il nous
> raconte à nos foyers ce qu'il a vu ; il nous
> instruit en nous amusant par ses récits, ses
> idées, son langage, ses manières, ses vête-
> ments d'autrefois.   (CHATEAUBRIAND.)

TROYES

BERTRAND-HU, IMPRIMEUR-LIBRAIRE DE L'ÉVÊCHÉ
Place de l'Hôtel-de-Ville, 10

1867

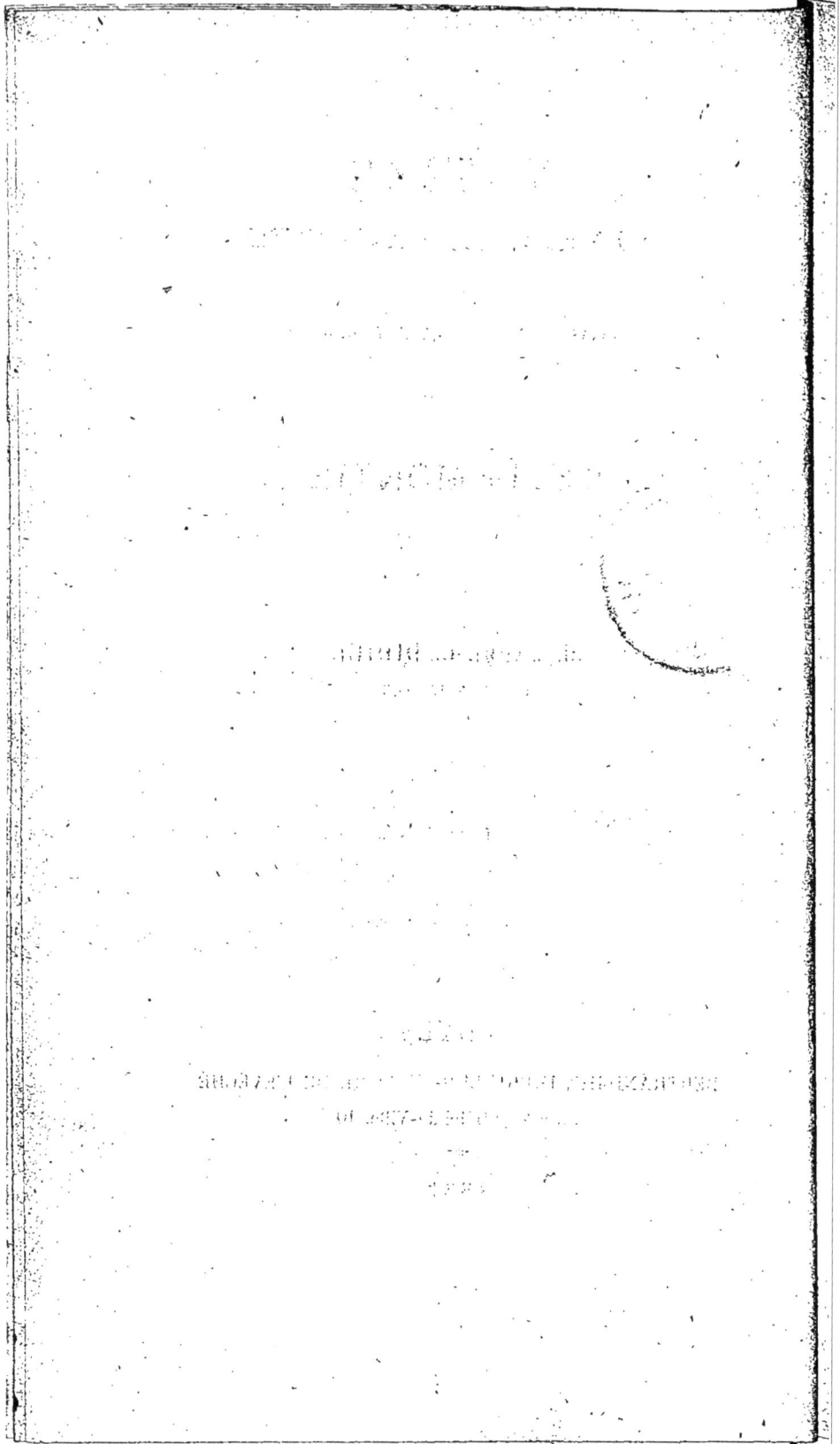

PRÉFACE

—•—

Depuis bientôt sept ans que je suis curé de Puellemontier, il m'est arrivé très-souvent d'être interrogé par mes paroissiens sur l'origine et l'existence des deux monastères qui y furent fondés, et aussi sur quelques autres institutions relatives à l'histoire du pays. Etant à peu près aussi ignorant qu'eux, sur ces différents sujets, je leur répondais brièvement, ou même point du tout. On conviendra que ce mode n'était satisfaisant ni pour eux, ni pour moi.

Je pris alors la résolution de me livrer à l'étude, afin de m'instruire d'abord moi-même, et ensuite de pouvoir, le cas échéant, faire part de mes découvertes à mes chers paroissiens.

Pour atteindre ce noble but, j'interrogeai le passé, je consultai les livres, les vieux manuscrits et les parchemins poudreux.

J'eus recours à l'*Histoire des Moines du Der,* par

M. l'abbé Bouillevaux; je puisai dans cet ouvrage les notes concernant Puellemontier. Je fouillai ensuite, avec beaucoup d'avantage, dans les archives et la bibliothèque de Chaumont; en faisant ce travail, je n'eus qu'à me louer du concours bienveillant de M. Carnandet, bibliothécaire de cette ville, et des précieux renseignements que me fournit le nouvel archiviste, M. Collin. Je scrutai également dans les archives de notre commune; enfin, je recueillis avec soin les documents que me fournirent les anciens du pays.

Telles sont les sources principales où j'ai puisé. Je publie dans cette notice le résultat de mes recherches.

Je n'ai nullement la prétention de faire une histoire; je laisse cet honneur à de plus malins que moi. Je dédie simplement ces quelques pages aux habitants de Puellemontier, pour lesquels elles sont principalement écrites En les lisant, ils apprendront les faits et gestes de leurs ancêtres, et ils sauront ce qui s'est passé, avant eux, sur le sol qu'ils occupent.

Ils parcourront surtout, avec une une légitime satisfaction, les pages consacrées à leurs deux monastères, qui ont duré successivement plus de dix siècles! Ils se pénètreront de reconnaissance envers ces religieux, qui ont défriché et fertilisé le sol qui les nourrit; planté ces belles forêts si utiles à tant de titres; formé ces cours d'eau, qui assainissent et fertilisent leurs riches et vastes prairies; enfin construit nos églises, peint nos vitraux qui attestent qu'ils étaient artistes et savants!

Parmi les faits que je relate, il en est beaucoup, je le sais, qui auront peu d'importance aux yeux d'un étranger; mais j'invite le lecteur à se rappeler que, dans la maigre histoire d'un modeste village, les détails les plus minutieux ont leur côté intéressant pour celui qui l'habite.

A mon avis, chaque commune devrait avoir sa petite histoire. Je dirai même que ce n'est que par les histoires locales qu'on peut arriver à bien faire l'histoire générale d'un pays. Or cette tâche incombe au curé, avant tout autre. C'est aussi ce motif qui m'a fait entreprendre ce travail. Si je puis être utile et agréable à mes ouailles, j'aurai atteint mon but, et je serai largement payé de mes peines.

C. DIDIER.

HISTOIRE DE PUELLEMONTIER

―→⊶✶⊷←―

CHAPITRE Iᵉʳ

Position géographique et territoire de Puellemontier. — Son
étymologie. — Epoque de sa formation, avant St Berchaire.

En quittant la jolie bourgade de Montier-en-Der,
du côté-du couchant, et en arrivant à l'important village de Ceffonds, devant vous, à votre droite, se présente une route bordée de longs peupliers ; suivez-la.
Au bout d'une petite heure de marche, ayant traversé
les hameaux de Jagée et de Gervillers, vos regards
s'étendent sur une belle plaine, au sol riche et à la
végétation luxuriante. Vous voyez bientôt un village,
étendu dans un vrai bocage ; c'est Puellemontier. Il
est situé à 7 kilomètres de Montier-en-Der, à 20 de
Wassy et à 74 de Chaumont.

Son vaste territoire est arrosé par deux rivières : la
Voire et la Héronne. La première traverse tout le finage ; la seconde vient confondre ses eaux dans la
Voire, à l'extrémité du parc de la famille de Meyronnet, proche l'église et le jardin de la cure. L'eau

de cette rivière est ordinairement claire ; elle se charge facilement de limon, quand les pluies sont abondantes, et il n'est pas rare alors de la voir déborder, envahir la prairie et y laisser, en rentrant dans son lit, un fertile engrais, qui dispense avantageusement de toute autre fumure.

Ces deux rivières sont très-poissonneuses. Si vous aimez la pêche, pénétrez dans leurs eaux et vous prendrez de la carpe et du brochet, de la halote et de l'anguille, de la tanche, du goujon, du perchat et de magnifiques écrevisses, égales à celles si justement appréciées de la Meuse.

Etes-vous disciple de Saint-Hubert ? Vous trouverez, dans la plaine, lièvres et perdrix en abondance ; si même vous désirez des pièces de résistance, entrez dans ses vastes et giboyeuses forêts, et vous verrez chevreuils et sangliers tomber sous vos balles.

Voulez-vous des oiseaux.... maigres ? Voguez sur ses étangs, surtout sur l'immense étang de la Horre, et, au milieu de ses ajoncs et de ses nénuphars, vous tuerez : poules d'eau, arcanettes, morelles, sarcelles, etc... et aussi des canards... gras..., car il y en a pour tous les goûts et pour tous les jours de la semaine [*].

---

[*] L'étang de la Horre, en tenant compte des sinuosités de ses bords, a plus de six lieues de tour. Il renferme environ trois cents hectares. Après sept années de culture, on l'a de nouveau empoissonné en novembre 1866.

« Une faible partie de l'étang se trouve sur Puellemontier, le reste s'étend sur le finage de Lantilles. Cette propriété appartient

Je ne rappellerai ici, qu'en passant, la fameuse carpe de la Horre, dont la réputation est européenne, et son brochet, digne de remplacer celui de l'étang de Villemahut... depuis longtemps à sec... ce qui n'empêche pas les gourmets parisiens de croire fermement qu'ils mangent de ce brochet, chez les Frères Provençaux, au Palais-Royal !...

Et si je vous parlais des volailles de toute espèce, que nos campagnards nourrissent et élèvent pour le commerce, vous avoueriez, et avec raison, que Puellemontier est un pays gâté par les dons de la nature !

Puellemontier, dont nous allons tracer l'histoire, n'a pas toujours porté ce nom. A l'arrivé du moine Berchaire dans nos contrées, en 666, notre village existait sous la dénomination de Mangevillers (*Mangis Villare*). Ce fut seulement quand, à l'aide de la pieuse dame Valtide, l'illustre religieux eut fondé un monastère de filles, que Mangevillers prit alors un nom nouveau, qui convenait à sa nouvelle situation. Il prit le nom de Puellemontier, de deux mots latins (*Puellarum monasterium*, Monastère des Filles).

Notre village a donc un nom d'une origine toute chrétienne.

Quant à l'époque de la fondation de Puellemontier, ou plutôt de Mangevillers, il est impossible de pouvoir préciter une date. Notre pays a cela de commun avec

à M. le prince de Beauffremont, qui habite le superbe château de Brienne, qui est la miniature du splendide château de Versailles. »

une foule d'autres, c'est qu'il se perd dans la nuit des temps. On ne trouve véritablement rien avant l'apparition de Berchaire. Vers cette époque, la France commençait seulement à se dessiner. On venait de passer, pour ainsi dire, par les invasions des Barbares ; la société relevait lentement la tête. On ne se souciait pas alors de rédiger des annales pour les générations suivantes. On vivait au jour le jour, laissant le passé s'ensevelir dans l'oubli, au moins dans les campagnes.

Tout ce qu'on peut dire, c'est que nos ancêtres chassaient, pêchaient et gardaient des troupeaux de porcs, que nourrissait l'abondante glandée de nos forêts. Leur vie était misérable ; ignorants, mal vêtus, ils avaient pour abri des huttes couvertes de roseaux. Le sol était marécageux, plein de foudrières et l'eau trouvait à peine une issue pour couler.

Sous le rapport religieux, ils étaient esclaves des démons, livrés à la divination et aux superstitions grossières. Les idées chrétiennes étaient, chez eux, mélangées à des pratiques druidiques ; fameux restes du vieux culte gaulois.

Tel était, en un mot, l'état de notre pays, quand Dieu envoya, dans nos malheureuses contrées, un apôtre ardent, dont la mission devait avoir pour résultat la régénération de nos ancêtres.

CHAPITRE II

SAINT BERCHAIRE.

Comme saint Berchaire est le véritable fondateur de Puellemontier, et que c'est à lui et à ses monastères que nous sommes redevables de la civilisation de notre pays, nous allons ici tracer sommairement son histoire, qu'il importe de connaître.

Vers l'an de Jésus-Christ 636, sous le règne du roi Dagobert, au pays de Poitiers, naquit d'un puissant seigneur d'Aquitaine, un enfant qui reçut au baptême le nom de Berchaire. Ses parents, doués de beaucoup de piété, l'élevèrent chrétiennement. L'enfant répondit à leurs espérances et donna de bonne heure des marques d'une grande vertu.

A cette époque, le siége métropolitain de Reims était occupé par un saint pontife, appelé Nivard; ce grand Evêque avait tenu Berchaire sur les fonds de baptême et, plus tard, avait prédit de lui de grandes choses. L'enfant fut placé dans les écoles les plus

renommées ; il y fit des progrès rapides. Mais Dieu
voulait le gagner à sa cause, et Berchaire sentit naître
en lui la vocation à l'état religieux. Son père alors
l'envoya à l'Evêque Nivard, son ami et compatriote.
Celui-ci, occupé de l'administration de son vaste diocèse, confia son filleul à Rémaclès, Evêque de Maëstricht. Il ne pouvait faire un meilleur choix et, sous
cette habile direction, l'esprit et le cœur du jeune disciple se développèrent merveilleusement.

Or, à cette époque, il existait en France un monastère fameux, Luxeuil, fondé par saint Colomban, le
grand apôtre venu d'Irlande. Berchaire entendit parler
de ce pieux asile, de sa discipline de fer, faite pour
les grandes âmes. Il voulut y aller. Les deux prélats
Nivard et Rémaclès approuvèrent son dessein, le bé-
nirent et lui donnèrent le baiser d'adieu.

Valbert était alors abbé de Luxeuil ; il admit Berchaire, qui bientôt gagna tous les cœurs. A peine âgé
de 24 ans, on le vénérait déjà comme un saint. A cette
école, notre héros développa en lui cette vigoureuse
initiative, cette infatigable activité et cette fervente
charité, qui furent les traits distinctifs de sa vie. Mais
craignant qu'on ne voulût l'élever en dignité, sa modestie s'alarma, il résolut de quitter Luxeuil et d'aller
retrouver Nivard.

A son retour à Reims, Nivard l'associa à l'administration de son diocèse. Leurs efforts réunis firent re-
fleurir la Religion ; ils étaient la Providence des mal-

heureux, les conseillers des rois et les civilisateurs des barbares.

Depuis longtemps Nivard voulait bâtir un monastère sur les bords de la Marne. Un jour qu'il était avec Berchaire sur les hauteurs qui dominent Epernay, Nivard s'endormit sur les genoux de son compagnon ; pendant son sommeil, il vit en songe une colombe, qui vint se reposer sur sa tête. A son réveil, il raconta son songe à Berchaire. Ce fut un signe pour eux que Dieu choisissait cet endroit pour fonder le monastère qu'ils voulaient édifier. Le projet fut réalisé. Cette maison devint la fameuse abbaye de Haut-Villers, dont Berchaire fut fondateur et premier abbé; il y dirigea les religieux pendant quelques années.

En 666, il choisit Réole, neveu de saint Nivard, pour le remplacer à la tête de son florissant monastère. Il prit ensuite son bâton de pèlerin, et alla courageusement à la conquête de nouveaux pays. Des bandes austrasiennes désolaient alors les Gaules. Berchaire arriva dans nos contrées, et ce fut à Mangevillers qu'il s'arrêta. Nous allons voir ce qu'il fit dans notre pays.

VALTIDE.

A l'époque où Berchaire, alors âgé de 30 ans, arrivait à Mangevillers, en 666, il y avait un riche seigneur, duc de Champagne, nommé Waimer. Son épouse avait nom Valtide. La femme du duc était pieuse et bonne. Berchaire eut avec elle un entretien,

et ces deux grandes âmes se comprirent. Les saints
sont toujours d'accord, quand il s'agit de procurer la
gloire de Dieu et le salut du prochain ! Le moine lui
communiqua son dessein de bâtir un monastère, à
proximité de la forêt du Der. Valtide avait de grands
domaines, situés dans la forêt et sur le finage de Flassigny (ferme importante sur le finage de Puellemontier).
En chrétienne généreuse, elle les céda au religieux,
afin qu'il pût réaliser son projet. Notre saint traça
aussitôt ses lignes de construction, réunit des matériaux et des ouvriers, et le monastère s'éleva [*].

Tandis qu'on édifiait le pieux asile, Berchaire ex-
plorait les environs, afin de gagner des âmes à Dieu.
S'étant un jour enfoncé dans les profondeurs du Der,
au milieu de sentiers à peine frayés, il rencontra une
troupe de soldats qui emmenaient en captivité huit
jeunes garçons et huit jeunes filles. A cette vue, Berchaire ne put voir le sort de ces malheureux, sans en
être ému. Il offrit de l'argent, les racheta, occupa les
jeunes gens et plaça les huit jeunes filles dans son
couvent de Mangevillers, qui dès lors changea son nom
en celui de Puellemontier. Selon quelques auteurs,

---

[*] Ceci nous porte à croire que le monastère fut réellement du
côté de Flassigny, et non du côté du Collége, comme on l'a prétendu sans raison. Les moines choisissaient toujours un endroit
près d'un cours d'eau ; or le finage de Flassigny touche aux bords
de la Voire. Saint Berchaire préféra établir son couvent à une
petite distance du village, pour que ses religieuses fussent davantage dans la solitude.

Actuellement la riche terre de Flassigny appartient à MM. Corbet
frères, et tous deux célibataires.

la nièce de la généreuse Vatilde fut placée à la tête
du monastère ; selon d'autres, ce fut Vatilde elle-même
qui en fut abbesse.

Telle est l'origine de Puellemontier ; tel est le berceau de notre pays. Qu'elle est belle et touchante cette
fondation de notre monastère ! La délivrance des cap-
tifs, le triomphe de la liberté chrétienne et de la vraie
civilisation sur la barbarie armée !.., Des vierges ti-
mides sont soustraites à la brutalité de soldats liber-
tins !...

Voyant son œuvre marcher, Berchaire, qui rêvait
un monastère d'hommes sur de plus grandes proportions, se mit à parcourir les environs. Après avoir
trouvé un endroit propice, il obtint, par la protection
de saint Léger, Evêque d'Autun, et de plusieurs autres
Evêques et seigneurs ses amis, la cession des terres
qu'il convoitait et qui appartenaient au roi de France,
Childéric II. Ce fut sur ce terrain qu'il bâtit un Monastère d'hommes, qui eut de brillants et longs succès ;
car il donna naissance à Montier-en-Der, fut debout
pendant 12 siècles et eut dans les environs une immense influence.

Pendant que Berchaire construisait ce monastère
d'hommes, notre couvent, son aîné dans nos parages,
se développait merveilleusement. L'exemple de ces
filles rachetées et vivant, à l'abri du cloître, d'une vie
sainte, fut une semence féconde dans notre pays et
aux alentours. Le monastère se peupla rapidement et

son fondateur eut la consolation d'y voir, même de son vivant, soixante religieuses exemplaires.

Ces filles vont désormais se livrer à la prière et aux occupations de leur sexe, tandis que leurs frères, les religieux de Montier-en-Der, vont, tout en priant également, entamer le sol inculte, le défricher, l'assainir par des cours d'eau bien établis et changer totalement la face de nos contrées !

Berchaire, pour parfaire son œuvre si bien commencée, éleva encore d'autres monastères secondaires dans le voisinage ; mais nous ne pouvons les faire figurer dans le cadre étroit de cette notice.

Pour se recueillir et mieux prier, quand il venait visiter ses religieuses de Puellemontier, notre zélé fondateur avait fait élever, près de leur couvent, un petit oratoire, sous l'invocation de saint Albin.

Quant à l'établissement des filles, il était placé sous l'invocation de la Sainte Vierge, et portait la dénomination de Monastère de Notre-Dame. C'est sans doute pour cette raison que notre église est désignée sous ce vocable.

Nos religieuses portaient le nom de Bénédictines, parce qu'elles suivaient la célèbre règle du grand saint Benoît (en latin *Benedictus*).

WAIMER.

Jusqu'ici nous n'avons parlé que de la pieuse Vatilde, occupons-nous maintenant de son époux Waimer, seigneur puissant dans notre village.

Waimer était duc de Champagne et remplissait, à la cour du roi Childéric II, l'offfice de satellite près du fameux Ebroïn, alors maire du Palais. On connaît la cause de la lutte entre cet homme ambitieux, vindicatif et saint Léger, alors évêque d'Autun. Le saint pontife soutenait que Thierry devait succéder légitimement comme roi, à son frère Childéric, qui venait d'être massacré. Ebroïn, au contraire, voulait un roi de son choix ; de là sa haine contre saint Léger.

Afin de l'assouvir, Ebroïn se servit de Waimer, pour être l'exécuteur de ses odieux complots contre le pieux prélat. Trop fidèle à cette triste mission, le malheureux duc s'empare de l'évêque et laisse ses soldats lui crever les yeux. Ce crime affreux fut commis dans la forêt de Puellemonlier, près de Flassigny, à peu de distance de nos jeunes religieuses. Léger fut atteint là par ses bourreaux, tandis qu'il se rendait à Montier-en-Der, près de son ami Berchaire, qu'il avait connu au monastère de Luxeuil.

Waimer se repentit aussitôt de sa faute ; il emmena chez lui l'évêque pour le soigner. Saint Léger partit ensuite à Montier-en-Der, où il passa quelque temps. Il y médita sur la vanité des grandeurs de ce monde. Plus tard, le cruel Ebroïn le fit mettre à mort.

Quelques années après cette sanglante tragédie, vers l'année 679, Berchaire, poussé par son ardente charité, entreprit plusieurs pèlerinages hors de la France. Il emmena avec lui, comme compagnon de voyage, notre duc Waimer qui, à cette époque, était à son tour en butte à la colère de l'impitoyable Ebroïn, son ancien ami.

Ce fut donc pour se soustraire à sa fureur, et aussi pour expier le crime dont nous venons de parler, que Waimer voulut aller prier sur le tombeau des saints Apôtres, à Rome.

Berchaire et son compagnon, le cœur satisfait, quittèrent peu après la capitale du monde chrétien pour de là traverser la mer Méditerranée et aller débarquer en Judée, afin d'y visiter les saints lieux, où le Sauveur était mort pour nous.

A Rome, ils avaient au moins trouvé le christianisme plein de vigueur; en Palestine, au contraire, l'imposteur Mahomet y avait presque tout détruit. Nos pieux pèlerins, la tristesse dans l'âme, allèrent se soulager en visitant Bethléem et la crèche, Nazareth et l'humble demeure du Sauveur Jésus. Ils parcoururent Jérusalem, le Calvaire et tant d'autres lieux mémorables. Après de pieuses extases et de saints gémissements, ils se rembarquèrent pour regagner le sol de la patrie, emportant avec eux de précieuses reliques dont Berchaire, à son retour, enrichit ses monastères.

Si Dieu avait pardonné les crimes de Waimer, comme celui-ci en avait l'espérance, par contre la haine d'Ebroïn contre son ancien satellite avait augmenté. Apprenant son retour, l'irascible maire du Palais envoya sans délai ses bourreaux trouver le duc. Ils s'emparèrent de la personne du malheureux Wai-

mer qui, après avoir été battu de verges, fut mis à
mort.

Mais le sang des victimes d'Ebroïn criait vengeance
et justice devait lui être faite. Le barbare maire du
Palais fut tué par Hermainfroy, seigneur franc, dont
il avait confisqué les biens.

Quelques auteurs ont affirmé que Waimer, converti
et séparé volontairement de sa femme Vatilde, devenue abbesse, avait été fait prêtre, puis nommé évêque
de Troyes. Il aurait occupé ce poste quand il fut prié
par saint Berchaire de faire avec lui le pélerinage de
Rome et de Jérusalem.

SUITE DE L'HISTOIRE DU MONASTÈRE.

La pieuse Vatilde qui, par ses prières et celles de
ses saintes filles, avait eu la consolation d'obtenir la
conversion de son époux, pria également pour le salut
de son âme quand il fut mort.

Berchaire, de son côté, détournant les yeux de ces
scènes sanglantes, gouvernait ses monastères avec sagesse et fermeté. Grâce au travail de ses religieux,
nos pays changeaient d'aspect. Les habitants, gagnés
par la douceur de l'illustre moine, se placèrent sous
sa juridiction et devinrent les sujets du Monastère du
Der. Ils n'eurent jamais lieu de s'en repentir.

Notre saint était entré alors dans sa 49e année, et
déjà sa carrière touchait à sa fin. Courbé vers la terre,
moins par l'effet des années que par celui de ses im-

2

menses travaux, il quitte un matin sa cellule de Montier-en-Der. C'était au printemps, le jour du Jeudi-Saint; il s'achemine vers Puellemontier. Son cœur est agité par un triste pressentiment; la pensée d'une mort prochaine l'assiége...

Son âme est attendrie, à la vue du monastère qui renferme ses chères filles. Il arrive et pénètre dans le pieux asile. Là, au pied de l'autel, il réunit ses bonnes religieuses. Il leur parle du bonheur du Ciel, avec l'accent d'une âme qui en savoure déjà les prémices; il les encourage à persévérer jusqu'à la fin, en vue de l'éternelle récompense. Il termine sa touchante allocution et les bénit toutes avec effusion.

Il quitte enfin Puellemontier, pour ne plus le revoir, et retourne au Der.

En arrivant dans son monastère, il reçoit, comme toujours, les tendresses de ses moines. Tous le vénèrent.... tous, excepté un seul! Berchaire a un ennemi mortel, et cet ennemi c'est le misérable Daguin, son filleul, qu'il a tenu sur les fonts de baptême à son arrivée, qu'il a élevé et accablé de bienfaits; Daguin, mauvais moine, qui ne peut supporter davantage la surveillance et les charitables reproches de son paternel supérieur. Il s'arme donc d'un poignard, et il veille dans l'ombre.... puis il avance près du lit du saint.... il frappe et jette ensuite son arme dans la piscine voisine....

Le meurtrier se sauve, et déjà le remords bouleverse son âme. Eperdu, il pénètre à l'église, sonne les cloches et met tout le monastère en émoi. On se lève, on accourt et on découvre l'affreuse réalité....

Daguin est arrêté et conduit devant Berchaire, qui a encore un souffle de vie. Il l'emploie pour dire à son assassin : « Allez à Rome; la puissance du successeur de Pierre est grande. Obtenez son pardon; pour moi je vous ai pardonné. »

Quel noble langage et quelle charité chrétienne! On voit ici le vrai disciple du Sauveur, pardonnant à ses bourreaux du haut de la croix.

Après ces belles paroles de Berchaire expirant, Daguin s'en alla et ne reparut plus *.

Berchaire eut encore assez de force pour adresser quelques mots à ses religieux et leur dire un adieu temporaire. Il rendit ensuite son âme à Dieu, le jour de Pâques, 27 mars 685.

Ce fut un deuil général. Une foule d'évêques, de prêtres, de religieux, de seigneurs vinrent des alentours assister aux funérailles du saint.

---

* Daguin était de Droyes. La postérité, dit Dom Baillet, eut tellement horreur de ce parricide de Daguin, qu'elle faisait retomber son aversion sur les habitants de son pays natal. Depuis ce temps, on n'admit plus personne de Droyes à la profession religieuse.

(Extrait des Moines du Der, par M. l'abbé BOUILLEVAUX.)

Aujourd'hui on n'est plus si rigoureux envers nos chers voisins. Droyes a donné à l'état ecclésiastique, depuis peu, le pieux, zélé et savant abbé Vautrain, devenu professeur au collège de Puellemontier, et ensuite mort curé à Bailly-le-Franc (Aube); ensuite l'excellent abbé Royer, encore élève au grand séminaire de Langres et à la veille d'entrer dans les ordres majeurs.

Plusieurs miracles s'opérèrent à son tombeau [*].

Peu de temps après, la bonne Vatilde rejoignit son infortuné époux dans la tombe. Sa mort suivit aussi celle de notre illustre fondateur. Elle quitta cette terre, pleurée par ses religieuses, bénie de Dieu et des hommes, à cause de ses vertus.

Notre monastère continue sa paisible existence, dirigé par Christine, sa nouvelle abbesse. L'abbé de Montier-en-Der en avait la haute administration, dont cependant il devait rendre compte à l'évêque de Châlons, qui exerçait sa juridiction sur ces saintes maisons.

Synaulius, successeur de Berchaire, grâce à l'entremise de Clovis III, roi de France et du puissant Pépin d'Héristal, obtint l'exemption de cette juridiction. Berthoend, qui occupait alors le siége de Châlons, abdiqua tous ses droits sur les monastères de Puellemontier et de Montier-en-Der; seulement il se réserva la bénédiction de l'abbé du Der et de l'abbesse de Puellemontier, la consécration du saint chrême et le pouvoir de conférer les ordres. L'évêque, pour appuyer ces priviléges, va même jusqu'à anathématiser ceux qui, dans l'avenir, voudraient leur porter quel-

[*] La vie de saint Berchaire fut écrite par un de ses successeurs, l'illustre Adson. C'est une des œuvres les plus intéressantes de la grande collection des *Acta* recueillis par d'Achery et Mabillon, quoiqu'elle n'ait pas l'autorité d'un monument contemporain.

(Note *extraite des Moines d'Occident, par* M. le comte DE MONTALEMBERT.)

que atteinte. Cet acte, concédant ces droits, porte la date du 15 février 692. On y lit la signature de plusieurs évêques.

Le pape Jean VI confirma ces privilèges en 701 et de nouveau en l'an 705.

A partir de cette époque, jusqu'à sa destruction qui arriva vers le milieu du XIe siècle, l'histoire de notre monastère n'offre rien de remarquable. Les abbesses et les religieuses se succèdent sans bruit, selon que la mort les frappe, et que de nouvelles postulantes viennent remplir les places vides.

C'est l'évêque de Châlons qui nomme les abbesses, sur la présentation de l'abbé du Der. Quant à celui-ci, il gouverne nos religieuses, dont il est en réalité le supérieur. Les pieuses filles, loin de l'agitation du monde, s'occupent de leur salut et prient pour leurs frères qui vivent au sein de la société. Telle est l'efficacité des communautés de femmes, c'est qu'elles prient pour ceux qui malheureusement ne prient plus et attirent sur les pécheurs égarés, sinon endurcis, des grâces abondantes.

Les habitants de notre pays bénissent ce pieux asile, pour les bienfaits qu'ils en reçoivent. L'influence des religieuses et surtout des moines du Der produisit bientôt d'heureux effets sur nos campagnards; car, à cette école, ils arrivèrent à aimer le travail, l'ordre et, comme conséquence naturelle, leurs mœurs s'adoucirent. La face de notre pays changea à vue d'œil;

le sol cultivé répondait aux efforts de l'homme, qui y trouvait son profit.

Pendant cette longue période, il n'est question qu'une fois de nos religieuses ; voici dans quelle circonstance. Dudon Ier, abbé du Der, venait de mourir en 1034. Une lettre-circulaire fut écrite à l'occasion de sa mort et, à ce sujet, on y constate que Certiole est abbesse des religieuses de l'antique Mangevillers, dans ce même monastère fondé par saint Berchaire.

Certiole en fut sans doute la dernière abbesse. Elle vit donc s'éteindre cette communauté, après une durée de près de quatre siècles. Ce qui nous le fait supposer, c'est un écrit important envoyé, vers 1055, à l'abbé Brunon du Der, par Fromond, évêque de Troyes. Ce prélat, sur le rapport de l'abbé du Der, constate que le monastère de Puellemontier, étant privé de religieuses, il fallait changer sa destination et en faire un monastère d'hommes. Il permet à l'abbé Brunon de veiller à ce que le couvent de l'illustre Berchaire soit repeuplé.

L'évêque de Troyes intervient ici, parce que Puellemontier faisait partie de son diocèse. Plus haut nous avons parlé de la juridiction de l'évêque de Châlons sur nos religieuses ; il importe d'éclaircir ce point. Montier-en-Der dépendait du diocèse de Châlons ; or l'abbé du Der dirigeait notre couvent, et comme l'évêque de Châlons exerçait sa juridiction sur le Der, il l'exerçait indirectement sur notre communauté qui en dépendait. De là cette double juridiction.

Citons maintenant la lettre de Fromond, que nous avons eu soin de traduire :

« Au nom de la sainte et indivisible Trinité, Père, Fils et Saint-Esprit ; moi, Fromond, humble évêque de Troyes, selon que l'a permis le grand et tout-puissant Roi du Ciel, nous faisons connaître à tous présents et à venir : que le vénérable abbé Brunon est venu de son monastère des saints apôtres Pierre et Paul et de saint Berchaire, martyr, pour nous prier et obtenir de notre bonté, que nous accordions une faveur au couvent érigé dans le village appelé Puellemontier, à savoir : que ce couvent, qui était habité par une congrégation de nombreuses vierges, en l'honneur de la Sainte Vierge Marie, Mère de Dieu, puisse recevoir à leur place des moines placés sous la juridiction de l'abbé du Der ; il demande surtout qu'ils puissent librement servir Dieu, sans qu'aucune inquiétude vienne les troubler.

« Or, nous avons pensé que sa demande était agréable à Dieu, nous l'avons reçue favorablement et nous accordons volontiers ce qu'il sollicite, avec le consentement de nos fidèles clercs et laïques ; nous délivrons cette communauté et son église de toute coutume et redevance, à la seule réserve, faite par nous, que tous les ans, à la fête de tous les saints, il sera payé à nous et à nos successeurs une légère redevance.

« Donné dans notre ville de Troyes, la veille des calendes de mai, sous le règne d'Henri, roi de France. »

Pour se conformer à cet écrit, Brunon, l'abbé du Der, plaça-t-il des moines dans le couvent devenu libre ?... Les nouveaux moines, une fois installés, y demeurèrent-ils ?... C'est ce que nous ignorons ; nous n'avons rien découvert sur ce chapitre.

Mais ce qui fait croire que si l'œuvre fut tentée, ce fut sans aucun succès, c'est que, quelque temps après, nous voyons le monastère disparaître et ses biens furent alors réunis à la mense abbatiale de Montier-en-Der.

C'est l'habitude, du reste, que les ruisseaux se jettent dans les rivières, pour en augmenter le cours !...

Toutefois, nous avons pu également constater que cette seigneurie, qui appartenait aux moines, fut plus tard, pendant les guerres civiles du XVIe siècle, vendue au seigneur de Puellemontier. Mais nous parlerons plus loin de cette maison seigneuriale, dans un chapitre spécialement consacré au château important de notre commune.

Telle fut donc la fin de cette pieuse communauté, fondée par saint Berchaire, dans notre pays. Elle fut pour nos ancêtres, pendant près de 400 ans, une école de vertu et de bonnes œuvres. Mais, comme toutes les institutions d'ici-bas, si elle eut ses jours de gloire, elle eut aussi ses épreuves et ses revers.

Nous allons assister, au chapitre suivant, à la fondation d'un autre monastère, également sur notre territoire ; c'est celui de la Chapelle-aux-Planches.

CHAPITRE III

Simon de Beaufort fonde un monastère d'hommes à La Chapelle-aux-Planches. — Histoire de ce monastère. — La Révolution en chasse les moines; le monastère encore en partie debout. — Bienfaits dus aux moines.

—•★•—

§ 1er

Simon de Beaufort fonde un monastère d'hommes à la Chapelle-aux-Planches.

Un monastère vient de disparaître, un autre va surgir, tant l'esprit monastique a jeté de profondes racines dans notre contrée. Cette fois, ce n'est pas un moine illustre, c'est un puissant seigneur du voisinage qui en sera le fondateur.

Ce seigneur est Simon de Beaufort. Il fonde, vers l'an 1120, un monastère qui sera peuplé par des hommes.

On prétend qu'il fit ériger cette abbaye sur l'emplacement d'une ancienne chapelle, pour laquelle les chrétiens avaient une grande vénération. Cette chapelle, qui dépendait de la communauté de Beau-Lieu, près de Bar-sur-Aube, était construite en planches; de là le nom donné à l'endroit. D'autres critiques disent que ce nom lui vient de ce que, pour y arriver, il fallait passer sur des planches jetées sur les fossés. Les deux sentiments se valent; il y a la liberté du choix....

Le site choisi par Simon de Beaufort, pour le nouveau monastère, est charmant. On a eu raison de dire que les fondateurs d'ordres monastiques savaient parfaitement choisir leur terrain. Notre couvent est baigné par les eaux de la Voire ; la prairie est riante et vaste; les forêts qui l'entourent, plantées ou dressées par les religieux, sont considérables. Tout autour de l'abbaye, du gibier, du poisson. C'est la solitude avec toutes les richesses du sol.

La Chapelle-aux-Planches est située à 4 kilomètres sud-ouest de Puellemontier, dont elle dépend.

Les religieux qui peuplèrent ce pieux asile, étaient de l'ordre de Prémontré. On appelle de ce nom un ordre fameux fondé par saint Norbert.

Saint Norbert naquit en 1082, d'une des plus illustres familles d'Allemagne. Après avoir passé quelques années dans la dissipation, à la cour d'Henri V, empereur, il quitta le monde, se convertit et donna ses biens aux pauvres. Il s'en alla de ville en ville prêcher le règne de Dieu. Barthélemi, évêque de Laon, lui donna alors un vallon solitaire nommé Prémontré; il s'y retira en 1120 et y fonda un monastère de chanoines réguliers, auxquels il donna la règle de Saint-Augustin *; leur costume était un habit blanc

---

* On sait que les ordres monastiques de l'Orient et de l'Occident étaient régis par quatre règles, devenues célèbres par leur

en laine. Du vivant de saint Norbert, ce couvent compta 500 religieux. Norbert étant devenu plus tard archevêque de Magdebourg, son premier disciple, Hugues, le remplaça comme abbé de Prémontré. Saint Norbert mourut à 53 ans, dans la huitième année de son épiscopat.

Notre monastère de la Chapelle-aux-Planches fut donc réuni à la maison de Prémontré, dont il reçut des religieux avec la règle de saint Augustin.

Nos moines portaient donc les noms : d'Augustins, de Norbertins, de Prémontrés, ce qui au fond signifiait la même chose *.

Nous avons dit plus haut que l'abbaye de la Chapelle fut fondée vers 1120 ; ce qui le prouve, c'est un écrit important daté de 1122 et 1133, par lequel Roger et Guillaume, abbés de Montier-en-Der, exemptent de la dîme les terres que les religieux nouveaux de la Chapelle-aux-Planches possédaient alors sur le territoire de Puellemontier ; à la condition

---

application ; ce sont les règles : de saint Basile ; de saint Jérôme ; de saint Benoît et de saint Augustin. Celle de saint Benoît fut la plus suivie dans l'Occident ; elle fit disparaître, à son début, celle de l'illustre Colomban.

* Le dernier abbé général de Prémontré, en 1791, fut l'abbé L'Ecuy. Il a publié une excellente notice sur saint Norbert ; à la fin il place une jolie pièce de vers où il exhale sa douleur, en voyant les ruines d'une institution qui lui fut si chère.

L'ordre des Prémontrés fut très-répandu ; selon le P. Hélyot, il compta plusieurs centaines de couvents. En Angleterre, on comptait 35 maisons peuplées de religieux de ce nom.

pour eux de payer chaque année une livre de cire à leur abbaye.

L'abbé du Der exige une livre de cire ! C'est une chose bien minime, mais suffisante pour prouver la dépendance où il voulait tenir notre monastère vis-à-vis du sien, dont cependant il ne relevait pas.

Plusieurs membres de la famille de Beaufort firent des donations à notre couvent, entr'autres Hugues de Broyes, père du fondateur, qui donna la terre sur laquelle la Chapelle était construite, le bois qui en dépendait, la libre pâture et les usages dans les forêts de la seigneurie.

Hatton, qui fut évêque de Troyes de 1122 à 1146, voulut accorder une faveur épiscopale au nouveau monastère de notre pays; il lui concéda la libre élection d'un curé en l'église de Chassericourt.

Ce qui prouve que notre abbaye était déjà solidement établie du vivant de ce prélat.

L'année après la mort d'Hatton, en 1147, Simon de Beaufort voulut ratifier ses premières donations envers nos religieux et même il eut la générosité d'en ajouter de nouvelles, comme nous l'atteste une charte précieuse émanée de lui et que nous allons citer en entier :

« Au nom de la sainte et indivisible Trinité, moi « Simon, seigneur de Beaufort, fais savoir à tous « présents et à venir, que pour le remède et salut de « mon âme et celle de mes père, mère et prédéces- « seurs, je confirme les donations faites par mes an-

« cêtres à l'église de Notre-Dame de la Chapelle-aux-
« Planches, savoir : le lieu où l'église est bâtie avec
« ses appendices et ce que j'y ai ajouté par ma libéra-
« lité, en y faisant planter des bornes, ensuite toute
« l'eau de la Voire depuis le haut du vieux jardin
« jusqu'au torrent de Hort (la Horre) et, depuis le
« pont du même torrent, tout le grand chemin jus-
« qu'au champ Viot et ensuite jusqu'à Flassigny,
« avec les prés, terres et bois contenus dans ces li-
« mites, avec défense que qui que ce soit n'ose y
« labourer, couper les bois ou pêcher sans la permis-
« sion de l'abbé ou des religieux. De plus, je leur ai
« donné droit d'usage dans les bois de Beaufort et
« les gagnages qui en dépendent, avec la liberté de
« faire conduire leurs porcs et autres animaux dans
« les prés. Je leur donne en outre mon terrage de
« Sainte-Pétronille à...., ma vigne et terre de Gibert,
« le terrage d'Ottinge (Outines), la grange de Flassigny
« avec ses dépendances en terres et prés telles que
« je les possédais, les revenus que je tirais des prés
« de la métairie de Hampigny, plus toute l'eau depuis
« le vieux jardin jusqu'à la troisième partie du pré
« Regnard.

« Tous ces dons sont faits de ma libre et bonne
« volonté, mon père Hugues, seigneur de Broyes, et
« ma fille Félicité m'approuvent; et afin que cet acte
« soit bien stable, je l'ai fait munir de mon scel et
« signer des témoins qui sont :

« Lambert, abbé de Sept-Fontaines; Drouin, cha-

« pelain ; Martin, chevalier ; Hugon de Sartes ; Payen
« d'Eclance ; Tessiers, l'aîné, et Gerbert de Cha-
« vanges.

    « Fait en l'année 1147. »

On peut regarder cette pièce écrite comme étant la
véritable consécration de notre jeune communauté.

Plus tard, en 1184, Manossé, étant évêque de
Troyes, cette charte fut encore renouvelée par la famille du pieux fondateur.

En 1147, le 15 du mois de mai, le pape Eugène III
confirma par une bulle toutes les donations faites en
faveur de nos religieux ; cette bulle fut donnée à Paris
par Hugues, cardinal, vice-gérant de Guy, cardinal et
chancelier du Saint-Siége apostolique.

Le monastère de la Chapelle-aux-Planches reçut
encore d'autres dons de la générosité d'Emeline, mère
de Simon de Beaufort. Il reçut en outre de Raoul de
Margerie, une terre, une cour et le moulin de Mont-
suzain, la troisième partie des dîmes de Saint-Ouen
et des possessions qu'il tenait de Saint-Quentin de
Beauvais, la dîme de Courcelles (excepté la portion
du curé), et enfin la moitié des dîmes de Jonchery
(près de Chaumont).

Grâce à l'influence de ces illustres donateurs, nous
verrons, après cette époque, d'autres bienfaiteurs de
notre abbaye. Citons seulement quelques personnages
connus dans l'histoire : Henry Ier, comte palatin de
Troyes ; Guillaume, comte de Flandre et sire de Dam-

pierre (celui qui a octroyé la grande charte d'affranchissement de la ville de Saint-Dizier); Manassès, comte de Réthel; enfin Edmond, fils d'Henry III, roi d'Angleterre. Mais nous parlerons d'eux plus loin.

De tels protecteurs contribuèrent au rapide développement de notre monastère. Mais le voisinage de la puissante abbaye du Der empêcha la nouvelle communauté de prospérer autant qu'elle aurait pu le faire. Voilà pourquoi son histoire n'est que d'un intérêt secondaire. Nous la verrons cependant plus tard obtenir du pape Urbain VIII le droit, pour son abbé, de porter la mitre et les autres insignes de l'évêque.

§ 2

Histoire du monastère jusqu'à l'époque des abbés commandataires, c'est-à-dire depuis Gauthier, premier abbé, jusqu'à Jean V Le Sellier de Moireul, premier abbé commandataire.

(de 1140 à 1530).

Notre monastère, comme nous venons de le voir, est donc parfaitement établi, par suite des concessions que lui firent d'illustres bienfaiteurs.

Nous allons maintenant tracer sommairement son histoire et signaler les abbés qui le dirigèrent.

I. Gauthier (1140). Le premier abbé connu est Gauthier, qui paraît vers 1140. Il est fait mention de lui en 1145, dans une charte d'Hatton, évêque de Troyes, par laquelle ce prélat accorde aux religieux de la Chapelle, la libre élection d'un curé en l'église de

Chassericourt. Ce fut lui qui reçut la bulle du pape Eugène III, en 1147, relativement aux donations de Simon de Beaufort. Pendant sa sage administration, il vit plusieurs hauts personnages enrichir son abbaye, notamment en 1152 et 1157. Les deux donateurs signalés sont : Godefroy, seigneur de Joinville et Henry Ier, comte palatin de Troyes.

D'après le nécrologe de Dom Martin, Gauthier mourut en 1159, le 25 avril, et fut enseveli au milieu du sanctuaire.

II. Renaud (1160). Le deuxième abbé fut Renaud. En 1160, il reçut du pape Alexandre III une bulle confirmant aux religieux la cure de Chassericourt (accordée par l'évêque Hatton), ainsi que les Chapelles d'Arrembécourt, d'Ormont et de Verzol. Cet abbé vivait encore en 1172 et 1175, car son nom est mentionné dans une charte, portant cette double date, faite au monastère de Celles.

En 1178, le monastère reçoit de nouvelles faveurs.

III. Obert (1182). Le troisième abbé Obert occupait ce poste en 1182. On voit sa signature apposée à une charte du seigneur de Beaufort en faveur de l'abbaye de Boulancourt. Son nom est encore mentionné en 1187, dans une charte de l'abbaye de Trois-Fontaines.

Il fut enseveli dans l'église du couvent.

IV. Jean Ier (1188). Il est question de Jean Ier, en 1188, au sujet de son installation.

V. Richer (1192). Richer était abbé de la Chapelle, en 1192.

Vers cette époque, nos religieux reçoivent des terres à Longeville, à Bailly, à Joncreuil, à Donnement, à Voy-le-Comte.

VI. Odon (1196). Cet abbé est désigné en 1196, dans un écrit de Garnier, évêque de Troyes, à propos de la vente d'une grange de l'abbaye de Beaulieu, pour l'abbaye de Clairvaux.

VII. Noë (1197). Noë fut élu abbé en 1197.

VIII. Bertrand (1202). Bertrand paraît en 1202. Pendant son administration, il reçut en 1205 une bulle du pape Innocent III, qui ordonne de mettre en interdit tous les lieux où demeureront ceux qui auront osé envahir quelques biens aux religieux de l'ordre de Prémontré.

Cette mesure était générale, certaines communautés ayant à se plaindre de quelques rapines.

IX. Guillaume Ier (1212). Guillaume Ier est à la tête du monastère en 1212. Il fit alliance en 1220 avec Sparnacus, abbé d'un couvent voisin, afin de travailler d'un commun accord à la bonne direction de leurs religieux. La Chapelle-aux-Planches, à cette époque, comptait environ 25 moines.

3

Après la mort du bon abbé Guillaume, son corps fut inhumé dans la salle du chapitre.

X. Nothus (1225). Le nom de cet abbé est cité dans une charte du Der. Nous le voyons plus tard, vers 1230, appelé pour être juge dans un conflit. A cette époque, on voulait bâtir un Hôtel-Dieu à Gigny, pour la ville de Saint-Dizier et les environs, et on voulait en faire les frais sur les fonds de l'abbaye de Montier-en-Der. Rodolphe; qui était abbé du Der, s'y refusait. Alors, le pape consulté, délègue les deux abbés de Boulancourt et de la Chapelle-aux-Planches, à Gigny même, pour terminer le différend. Ils décidèrent que l'hôtel devant être pour les pauvres et les étrangers, le Der y contribuerait, et le directeur de l'hôtel serait élu par les prêtres de Saint-Dizier et de Gigny ; mais il devrait, avant d'administrer, aller prêter serment d'obéissance et de fidélité à l'abbé du Der. Il y aurait à l'Hôtel-Dieu un oratoire, mais pas de cloches ; le curé de la paroisse serait chargé de l'administration des sacrements. Si l'Hôtel-Dieu venait à vaquer trois mois, l'abbé du Der nommerait un directeur ; si enfin ce directeur s'acquittait mal de ses fonctions, l'abbé pourrait le révoquer et en nommer un autre à sa place.

On peut conclure de ceci, que les abbés de notre monastère jouissaient d'une grande influence.

Nothus mourut peu de temps après. Il est fait mention de lui au nécrologe de Dom Martin.

XI. Isembard (1232). Cet abbé apparaît vers 1232. Il fut inhumé dans le chapitre.

XII. Herbert (1242). Herbert administrait la Chapelle-aux-Planches quand, en 1247, Guillaume, comte de Flandre et sire de Dampierre, accorda à notre abbaye des priviléges et des biens à Balignicourt, Braux, Chavanges, Valentigny.

XIII. Fulco (1257). Ce fut cet abbé qui promit à Thibault, comte de Champagne, une messe du Saint-Esprit, pour être célébrée chaque année le lendemain de saint Nicolas. Cette messe devait être appliquée pour le repos de son âme, après sa mort.

Depuis Fulco, jusqu'à Jean II Danisy, en 1330, plusieurs noms d'abbés nous manquent. Pendant cette période, d'importantes donations furent faites à notre abbaye, dans les communes de Sommevoire, Les Loges, Soulaines, Bailly-le-Franc.

Parmi les donateurs, nous voyons figurer en 1264, Manassès, comte de Réthel; en 1276, Edmond, fils d'Henri III, roi d'Angleterre; il venait alors de prendre le titre de comte palatin de Champagne et de Brie. En 1295, notre monastère reçut des faveurs de Jeanne de Navarre, comtesse palatine de Champagne et de Brie, épouse de Philippe IV dit le Bel, roi de France.

Malheureusement ce roi, Philippe-le-Bel, ne respectait pas autant le bien d'autrui; au lieu de l'accroître, il le diminuait. On sait les reproches légitimes que l'histoire fait à ce prince à cet égard.

Aussi nous voyons, en 1306, l'abbé du Der, Ferry, s'associer à plusieurs autres monastères, pour travailler à l'affermissement et à la prospérité de son puissant couvent. Il fait en particulier une association avec les religieux de la Chapelle-aux-Planches. Leur but en cela était d'unir les moines Bénédictins et autres pour le soutien de la cause sacrée de la religion. Ils avaient à craindre, en effet, en voyant comment le roi Philippe-le-Bel traitait les biens temporels de l'Eglise.

XIV. Jean II Danisy (1330). Cet abbé dirigeait notre monastère en 1330. Il mourut le 3 mars, en 1336. Il fut inhumé à l'entrée du chœur.

XV. Jean III. — XVI. Nicolas Ier. — XVII. Guillaume II. Ces trois abbés, sans date chronologique, promirent obéissance aux trois évêques : Pierre, Jean l'Eguisé et Louis Regnier.

Ce fut sans doute le dernier de ces abbés, Guillaume II, qui reçut la charte donnée en 1364, par Jean, duc de Lancastre, comte de Richemont, de Derby, etc..., fils d'Edouard III, roi d'Angleterre. Ce duc, en sa qualité de seigneur de Beaufort, prend sous sa puissante protection, tous les biens appartenant à l'abbaye de la Chapelle-aux-Planches.

L'année suivante, en 1365, nous trouvons un bail important, concernant la maison dite le Planchenois et les terres qui en dépendaient; également deux sentences postérieures de plusieurs années au bail précité, relatives au préciput annuel que les religieux avaient droit de prendre sur les dîmes de Soulaines.

Ce bail fut écrit par les tabellions de Mgr le duc de Lancastre, en sa ville et châtellenie de Soulaines.

Vers la même époque, se trouve une charte du comte de Beaufort et une sentence en faveur de nos religieux, attestant leurs droits relativement au moulin du Chêne, à Soulaines, et concernant les terres qu'ils possédaient par suite de donations, à Thil, à Trémilly, à Voigny où ils avaient des vignes.

XVIII. Etienne Ier (1472). Après une lacune où les noms d'abbés nous font défaut, nous trouvons qu'Etienne Ier prêta serment d'obéissance à Louis, évêque de Troyes, le 3 janvier 1472.

XIX. Hugues (1481). Hugues est mentionné, comme abbé de la Chapelle, dans une charte du Der, le 10 des calendes d'octobre 1481.

Sur le déclin de sa vie, il reçut, en 1499, un acte de donation, par lequel messire Pierre Bagollet, curé de Drosnay, abandonne à l'abbaye de la Chapelle-aux-Planches tous ses biens, n'importe où ils se trouveront situés à l'époque de son décès.

L'acte était rédigé de manière à prouver que ce bon curé avait, comme on dit, du foin dans ses bottes !...

XX. Etienne II Remy (1501). Etienne II Remy fut

élu en 1501. Il est question de lui le 17 des calendes de juin 1518 ou 1519, dans le nécrologe du Der. Il fut déposé devant le maître-autel.

XXI. Jean IV, Mantier de Droyes (1519). En 1519, Jean IV Mantier de Droyes fut élu. Il reçut, l'année même de son élection, une sentence d'excommunication que le pape Léon X lançait contre tous les détenteurs des biens de son abbaye. Cette sentence est munie du sceau papal. Cet excellent abbé, qui fit oublier l'horrible Daguin, son compatriote, fut à la tête du monastère jusqu'en 1528. Il se démit alors de ses fonctions en faveur d'un autre abbé, au rapport d'un religieux de son temps. Il mourut en 1536. Après lui viennent les abbés commandataires...

Arrêtons nous un instant.

Ne quittons pas cette première époque de l'histoire de notre monastère, sans faire quelques réflexions.

Nous avons vu, rapidement il est vrai, la fondation, puis l'extension de notre monastère. Modeste couvent, construit dans un endroit solitaire, il attire néanmoins les regards des puissants seigneurs des environs ; nous avons même constaté les importantes donations que lui firent ces illustres personnages. Grâce à ces dons, après une durée de quatre siècles, notre abbaye possède des biens dans une vingtaine de villages.

Ces larges concessions attestent réellement une époque pleine de foi. La religion était alors l'âme de la société. Les puissants du siècle, pour expier leurs

fautes et assurer leur salut, donnent partout largement
à Dieu par les mains des moines qui reçoivent leurs
dons.

Ces moines, du reste, étaient bien dignes de tant de
faveurs. Ils étaient les amis des pauvres et des étrangers, auxquels ils donnaient asile. Après avoir pieu-
sement prié Dieu et pris leur frugal repas, ils remuaient
courageusement la terre souvent encore inculte; les
vastes friches disparaissaient devant eux....

L'époque que nous venons de parcourir est connue
dans l'histoire sous le nom de moyen-âge; c'est un
temps de foi et de respect pour les autorités divine et
humaine. Voilà ce qui explique pourquoi notre siècle,
saturé d'incrédulité et de révolte contre toute autorité,
renferme tant de détracteurs du moyen-âge. A cette
époque, si injustement critiquée, on ignorait ce que
c'est qu'une révolution; dans les grands centres de
population, il n'y avait aucun club; dans les bourgades
et même dans les villes, on ne voyait pas cette armée
de la police si nombreuse et si nécessaire aujour-
d'hui!...

Nous allons maintenant aborder une autre époque,
celle des temps modernes.

Elle va commencer par la Réforme, c'est-à-dire par
la révolte du Protestantisme contre l'Eglise; elle finira
par les impiétés de Voltaire et enfin par la terrible
révolution de 1793, dont nous avons, dans notre siècle,
ressenti deux violents contre-coups en 1830 et en
1848!

La première époque fut un temps de foi. La seconde fut et est encore un temps de révolte..

L'esprit monastique en subira malheureusement plus ou moins la funeste influence....

C'est ce que nous allons constater.

§ 3

Histoire du Monastère, depuis les abbés commandataires jusqu'à la grande Révolution.

Vers le commencement du XVIe siècle, l'esprit monastique subit une profonde altération en France.

Pour un ordre religieux, on le sait, l'obéissance est la pierre fondamentale sur laquelle s'appuient les statuts de sa règle.

Les moines élisaient librement leurs supérieurs, avant l'époque que nous indiquons; aussi obéissaient-ils avec joie et empressement à ceux qu'ils avaient jugés capables de leur commander. Celui qu'ils nommaient eux-mêmes abbé de leur monastère, était toujours le plus pieux et le plus savant d'entre eux.

Vers 1500, un regrettable changement pénètre dans nos couvents. A la vérité la règle reste debout; mais ce n'est plus guère qu'une lettre morte. Les abbés ne sont plus élus par les moines; c'est le roi de France qui pourvoit à ces nominations. Les moines sont obligés de se soumettre à la volonté royale et d'accepter l'abbé qu'on leur impose. Aussi qu'en résulte-t-il ? C'est qu'on voit, à la tête des monastères, des abbés parfois plutôt faits pour vivre dans le monde que pour être à la tête d'une communauté. Les moines ne les aperçoivent que rarement ; dès lors la discipline se relâche, le règlement tombe en défaveur et la vertu monastique périclite.

C'est donc à cette nomination des abbés, par les rois de France, qu'il faut attribuer l'affaiblissement de la ferveur chez les moines en ces derniers temps.

Outre cette cause de décadence, le XVI⁰ siècle en apporte encore une autre. C'est cet esprit d'indépendance soufflé dans le monde par la Réforme et que les moines respirent insensiblement.

Heureusement, de temps en temps, de dignes abbés étouffent cet esprit et affermissent leurs religieux dans l'accomplissement du devoir.

Les abbés, nommés ainsi par le roi sans passer par l'élection des moines, prirent le nom d'abbés commandataires.

Parmi eux il s'en trouvait d'excellents et de très généreux. Nos contrées eurent souvent occasion de se ressentir de leur charité. C'est ainsi que nous voyons François de Dinteville, abbé commandataire du Der, affranchir les habitants de Puellemontier en 1511. Il exerçait sur eux et sur les villages voisins différents droits ; il fait avec eux une transaction. Ce qui montre que ces abbés du Der agissaient par humanité plutôt que par intérêt. Ils tenaient moins à être heureux qu'à procurer aux autres le bonheur.

Après ces quelques considérations, nous allons tracer, d'une main rapide, l'historique de notre monastère pendant cette seconde période.

XXII. Jean V, Le Sellier de Moireul (1530). Le premier abbé commandataire de la Chapelle fut Jean V, Le Sellier de Moireul, du diocèse d'Amiens. Il fut nommé par le roi vers 1530, et confirmé par l'abbé de Beaulieu. Il mourut le 1er novembre 1545, et fut inhumé au milieu du chœur.

XXIII. Louis Dauvet (1546). Nous ne savons de cet abbé que son nom et ceux de ses parents; il était fils de Robert, seigneur de Rieux et d'Anne Brissonnet, mariés en 1524. Cet abbé qui, comme on le voit, était tout jeune, fut également abbé d'un autre monastère. C'était un cadet de famille auquel le roi accorda cette double faveur.

Quel ascendant cet abbé de vingt ans pouvait il avoir sur de vieux et respectables moines ?...

Les trois abbés qui vont suivre sont sans date chronologique. Ils furent nommés par le roi. Voici leurs noms :

XXIV. Jacques Ier du Plessis. Jacques Ier du Plessis, fils de François du Plessis et d'Anne Le Roy. Il était évêque de Luçon, et abbé commandataire de plusieurs monastères. La chronique le dit pieux et très-charitable.

XXV. Jacques II Génoviac. Jacques II Génoviac,

qui mérita par sa science d'être nommé protonotaire apostolique.

XXVI. Claude Lhoste. Claude Lhoste, qui après avoir conservé la commanderie plusieurs années, donna sa démission en faveur de son fils.

Disons à cette occasion que le roi de France choisissait quelquefois des laïques même mariés, pour leur accorder la faveur d'une commanderie. Alors ces favoris du roi, sans être ecclésiastiques, prenaient néanmoins le titre pompeux d'abbé. En ce temps-là, c'était une chose admise.

Vers cette époque, notre monastère procéda à la délimitation de ses terres, prés et bois, afin d'éviter tout conflit avec des voisins souvent peu délicats. Cette opération demanda un travail long et même scrupuleux pour les moines.

Ils font également l'acquisition d'une maison et d'un pressoir à Bar-sur-Aube. Ils deviennent aussi propriétaires de la ferme de Laloy, sur le territoire d'Outines.

XXVII. Nicolas II Lhoste (1610). Nicolas II Lhoste, fils de Claude Lhoste, fit profession dans l'ordre des Prémontrés. Il jouissait d'une grande influence. En 1618, il assista au conseil général de l'ordre. Ce fut lui qui obtint du pape Urbain VIII, le droit de porter la mitre, la crosse et les habits pontificaux, priviléges précieux dont n'avait pas encore joui notre abbaye.

XXVIII. Jacques III Lescot (1638). Jacques III Lescot fut nommé en octobre 1638. Il devint évêque de Chartres et alors il fit sa démission d'abbé, en faveur d'un parent.

XXIX. Jacques IV Lescot (1670). Jacques IV Lescot, neveu du précédent, devint chanoine de Chartres, il obtint le titre d'abbé commandataire en 1670, quand son oncle, nommé évêque, démissionna en sa faveur.

A cette époque, il y eut des contestations relativement à la nomination à la cure de Chassericourt. On invoque alors la bulle du pape Eugène III et la charte de l'évêque Hatton, qui accordaient à l'abbaye de la Chapelle-aux-Planches la libre élection d'un curé à Chassericourt.

XXX. De Brevedent (1679). De Brevedent, seigneur de Berville, frère d'un sénateur de Rouen, est mentionné en 1680 et 1691.

XXXI. Henry Guichard (1691.) Henry Guichard, seigneur de Vouldy, chanoine de Troyes, obtint la commanderie en 1691. Il mourut en 1699.

On signale, vers cette époque, l'acquisition de la ferme dite des Bourgeois, territoire de Châtillon-sur-Brouet.

XXXII. Boursault. (1699). Boursault, seigneur de Viantais, fils du marquis de Viantais, fut nommé abbé le 24 décembre 1699.

XXXIII. De Fusée de Voisenon (1733). De Fusée de Voisenon, fut nommé par le roi en 1733. Il donna sa démission en 1742, pour une commanderie plus importante.

Voici ce que la chronique rapportée par M. Bouillevaux, dans son ouvrage des Moines du Der, raconte de cet étrange abbé :

« L'un des derniers abbés commandataires de la Chapelle-aux-Planches, fut Claude Henry de Fusée, qui naquit au château de Voisenon près de Melun, le 8 juillet 1708, et mourut le 22 novembre 1775.

« Voisenon n'était pas né pour l'état ecclésiastique, aussi y renonça-t-il à peu près entièrement. Il alla même jusqu'à se battre en duel. Il se contentait de toucher les revenus de son bénéfice et vivait à Paris au milieu des ennemis de l'Eglise. Il composa des romans, des opéras-comiques et des poésies fugitives. Au milieu de tout ce fatras, il y a quelques pièces charmantes.

« Tour à tour sceptique et dévôt, Voisenon montra dans ses derniers moments plus de fermeté qu'on en aurait pu attendre de son caractère léger. On raconte que, certain de ne pas échapper à la maladie mortelle dont il était atteint, il fit apporter dans sa chambre le cercueil de plomb dans lequel son corps devait être placé. L'ayant considéré quelque temps :

« Voici donc, s'écria-t-il, ma dernière redingote ! » Puis se tournant vers son valet de chambre, auquel il avait pardonné plus d'un larcin, il lui dit : « J'espère que tu ne seras pas tenté de me voler celle-ci. » On ne la lui vola pas ; il y repose encore. »

On comprend par ce récit qu'il ne fallait pas beaucoup d'abbés comme ce Voisenon, pour compromettre un monastère ; surtout dans une époque où on faisait si facilement retomber sur tous, les égarements d'un seul.

Ce qui doit cependant faire oublier les torts de Voisenon, c'est la foi vive qu'il manifesta dans les derniers moments de sa vie.

XXXIV. Jean-Baptiste Noël Le Rouge (1742).

Jean-Baptiste Noël Le Rouge, fut nommé par le roi le 2 avril 1742, après la démission du précédent. Il était prêtre et docteur, syndic de la faculté théologique de Paris, chapelain de la reine et chanoine de l'église collégiale de Saint-Nicolas *de Lupariâ*. Homme d'esprit et de cœur, il administra sagement notre monastère et gagna l'affection de ses religieux. Il mourut le 14 janvier 1753, à l'âge de 75 ans.

Sous son administration, on fit des restaurations importantes à l'église, aux bâtiments, aux moulins de l'abbaye.

On fit l'acquisition de la ferme des Touchelles, finage de Droyes. On acquit également des terres à Saint-Chéron (Marne).

XXXV. Gouault (1753).

Gouault fut élu par le roi, le 27 janvier 1753. Il était vicaire-général du diocèse de Troyes. Longtemps à la tête du monastère, il l'administra avec intelligence et dévouement.

Ici finit la liste des abbés commandataires.

Outre les noms que nous venons de citer, nous avons trouvé, sans chronologie, les noms suivants :

Nigelle, Bernard, Arnould, Ricard ;

Godefroy, inhumé devant le maître-autel ;

Ingelleram, également inhumé devant le maître-autel ;

Vérémond et Dodon, inhumés du côté de l'Evangile ;

Constant, enterré dans le cloître ;

Philippe, enterré devant l'autel, placé entre le chœur et la sacristie ;

Baudouin, enterré près de Philippe ;

Jehan d'Ulchéri et Baudouin de Lantilles. *

Souvent les abbés commandataires (dont nous avons parlé plus haut ou simplement cité les noms) étaient éloignés de leur monastère et n'y faisaient que des apparitions momentanées. Il y avait alors, pour conduire la communauté, un religieux choisi à cet effet et qu'on appelait prieur ; il avait même sous ses ordres un sous-prieur.

En compulsant les archives de notre commune, relativement à cette notice, nous avons mis la main

---

* Traduction des colonnes 621 à 624, tome XII de l'important ouvrage intitulé : *Gallia Christiana.*

sur des papiers qui contenaient les noms de quelques prieurs.

Voici le résumé de nos trouvailles à leur sujet :

En 1744, le 6 janvier, on élut le prieur de l'abbaye ; ce fut Louis Moreau, homme instruit et ayant le titre de licencié en Sorbonne. Il avait sous ses ordres plusieurs religieux.

En 1763, le 1er mai, l'abbaye eut pour nouveau prieur Daniel Hoquart. Parmi ses religieux il y avait deux nobles : de Montangon et de Calogne.

Le sous-prieur alors s'appelait Benard.

Vers l'époque de la révolution, en 1789, notre monastère ne comptait plus que cinq religieux :

1o Claude Cazin, prêtre, prieur, né à Vitry-le-Français en 1742 ; fit profession le 7 août 1764 ; élu prieur le 14 mai 1777.

2o Jean-Baptiste-Cyprien de Montangon, prêtre, sous-prieur, né à Crépy en 1726 ; fit profession en 1745, le 13 juin. Il était moine depuis 44 ans.

3o Michel Chevry, prêtre, secrétaire, né à Troyes en 1751 ; fit profession le 20 août 1778.

4o Sébastien Vincelet, prêtre, né à Berry-en-Bacq (diocèse de Laon) en 1763 ; fit profession le 12 novembre 1786.

5o Pierre Mourant, prêtre, né à Crépoil (diocèse de Meaux) en 1755, et fit profession le 25 mai 1788.

Tels étaient les religieux de la Chapelle-aux-Planches, au moment où la révolution allait éclater en France. Mais, disons-le à leur honneur, pas un ne faillit à son devoir au moment de l'épreuve.

Nous verrons plus loin ce qu'ils devinrent, en quittant leur couvent.

Avant d'aborder l'époque révolutionnaire, disons un mot de ce que possédait notre abbaye.

Conformément à un décret de l'Assemblée nationale, en date du 26 mars 1790, notifié et publié à Puellemontier dans les premiers jours du mois de mai, le maire et les officiers municipaux se rendirent le 10 mai à la Chapelle-aux-Planches pour constater les revenus de ladite abbaye. Dans un long procès-verbal, rédigé à la suite de cette enquête, nous voyons que les religieux avaient un mobilier convenable, sans aucun luxe; une bibliothèque assez respectable pour démontrer qu'ils ne passaient pas leur temps, comme le disent les sots, à boire, manger et dormir; leurs biens étaient relativement très-importants.

Un état bien accentué, que nous avons trouvé à Chaumont, porte que leurs revenus montaient à environ 39,000 livres. Cette rente était énorme pour l'époque. Une partie de cette somme (le tiers, 13,000 livres) était pour l'abbé commandataire; la seconde portion était consacrée à l'entretien des moulins, des fermes et des vastes batiments de l'abbaye; enfin, le reste était employé à nourrir les religieux, les entretenir de tout, nourrir les pauvres et les voyageurs, auxquels les moines donnaient toujours très-généreusement l'hospitalité.

4

Pour un tel revenu, il fallait de grands domaines ; car, à cette époque, les terres rapportaient peu. Aussi voyons-nous que notre abbaye possédait des biens dans 28 villages ou hameaux.

Il ne faut pas s'étonner de ces vastes possessions ; nos moines en étaient propriétaires de longue date et les tenaient ou de généreux donateurs ou par une acquisition légitime.

Ce sont eux qui ont défriché nos terres, planté nos bois, formé nos cours d'eau. Il était juste qu'ils recueillissent les premiers le bénéfice de leur dur labeur. Ils n'en jouissaient pas seuls ; car leur maison était l'asile des malheureux. Parmi leurs humbles cellules, il y avait la chambre des étrangers, et rarement elle était vide. Nos religieux consacraient donc une partie de leurs revenus en œuvres de vraie charité chrétienne.

§ 4

Les Moines chassés par la Révolution. — Le Monastère encore en partie debout.

En 1789, sous le pontificat de Pie VI, Louis XVI étant sur le trône de France, on convoqua à Paris les états-généraux composés du clergé, de la noblesse et du tiers-état. On sait ce qui en sortit. En 1790, le 13 février, l'Assemblée nationale décréta que la loi ne reconnaissait plus les vœux de religion. La révolution, par là même, dispersait les moines et du même coup détruisait les monastères.

En effet, conformément à un nouveau décret de l'Assemblée nationale des 8 et 9 septembre 1790, on intima à nos moines de la Chapelle l'ordre de se rendre devant la municipalité de Saint-Dizier pour savoir d'eux ce qu'ils voulaient devenir et en même temps pour toucher les dernières pensions auxquelles ils avaient droit. Le prieur, Claude Cazin, et le sous-prieur, Cyprien de Montangon, se rendirent à Saint-Dizier le 19 janvier 1791. Les trois autres religieux : Michel Chevry, Sébastien Vincelet et Pierre Mourant, pour des raisons de santé, ne firent pas ce voyage, assez pénible à cette époque; mais ils firent leur déclaration devant la municipalité de Puellemontier.

A la suite de cette démarche, le prieur Cazin se retira à Plaurupt; le sous-prieur de Montangon se rendit à Bar-le-Duc; Michel Chevry alla à Ceffonds; Sébastien Vincelet se retira à Vervins, et enfin Pierre Mourant regagna son village natal, Crépoil (district de Meaux). Notre monastère resta vide, après le départ de ces pauvres moines. Les choses se passèrent de même dans les autres abbayes de France.

Leur ruine avait été préparée, du reste, par les mensonges et les dégoûtantes railleries de Voltaire et de sa coterie.

Le xviiie siècle attaqua les moines de la manière la plus déloyale. Si les religieux vivaient dans la solitude, on les traitait de sauvages, d'ennemis de la société. S'ils s'installaient dans les villes, on leur reprochait de l'ambition. S'adonnaient-ils au travail et à la prière, vite on les taxait de crasse ignorance ; si, au contraire, ils se livraient à l'étude, c'était alors pour protéger la superstition et arrêter le progrès des sciences !...

Que fallait-il donc faire ? Comment pouvoir contenter ces esprits ridicules qui ne pouvaient souffrir dans les moines ni le repos, ni le travail, ni la solitude, ni la vie de société ?

Les moines ne pouvaient donc rester en face de pareils hommes.... Nous venons de voir comment la révolution, d'accord avec les philosophes, décida leur ruine.

On vit alors, autour des monastères, une foule de badauds que l'appât du butin alléchait. Parmi les pillards, il y en avait beaucoup que les moines avaient nourris.... N'est-ce pas l'habitude, de voir l'ingratitude servir de monnaie pour payer les bienfaits ? C'est ce qu'on vit à cette triste époque.

A la vérité, la richesse de certaines abbayes, la vie dissipée de quelques abbés commandataires, les écarts de quelques moines avaient pu donner lieu à des récriminations ; toujours est-il qu'on n'aurait pas dû les écraser sous un pareil choc. C'est un crime qui pèse sur la société. Malheureusement dans les révolutions on est fou ; on détruit sottement, sauf à s'en repentir après, quand on voit les excès auxquels on s'est livré.

Nos moines partirent donc, victimes de la perversité de leur siècle.

Le proverbe est connu : « Quand on veut tuer son chien, on le dit galeux. » C'est trivial, mais exact.

On voulait spolier les monastères ; or, pour y arriver, il fallait en chasser les religieux. Pour obtenir ce résultat, il fallait les rendre odieux en les décriant. Ce qui s'est passé alors en France, se passe de nos jours en Italie ; c'est toujours le même procédé. On peut bien en Italie voler des couvents, quand on a volé des royaumes !... la belle affaire !

Terminons ces réflexions sur les moines, en citant le jugement que porta sur eux le grand Napoléon Bonaparte : « Les moines, dit-il, furent exécutés et non jugés. » L'histoire a porté le même jugement que Napoléon.

Voilà donc nos religieux bannis de leur ancien asile. Après leur disparition, on démolit une partie du monastère, principalement la chapelle ou église qui, dit-on, n'offrait rien de bien remarquable. Seulement les habitants de Puellemontier eurent le bon esprit de transporter dans leur église paroissiale le maître-autel, qui est une œuvre d'art, et deux statues colossales ; nous en dirons un mot dans le chapitre consacré à notre église. Les bâtiments qui furent laissés debout existent encore aujourd'hui. C'est d'abord le gros du monastère, le corps de logis qui, vu de loin, offre l'aspect d'un véritable château. C'est un vaste bâtiment ayant un rez-de-chaussée, un premier étage et au-dessus de grands greniers. L'édifice crie miséricorde et demande des réparations ; mais on ne peut toucher à rien sans être obligé de toucher à tout, et les dépenses, pour une bonne restauration, seraient énormes. A l'intérieur, il y a de vastes pièces très-élevées ; la salle à manger possède des boiseries encore précieuses. On voit, conduisant aux cellules, un énorme escalier.

Pour donner entrée, de la cour à ce bâtiment, s'élève une porte en pierre avec un encadrement surmonté de deux lions aussi en pierre. Au milieu de la cour se trouve un vaste colombier, où l'on pourrait facilement loger tous les pigeons du voisinage. A l'extrémité de la cour, sont deux corps de ferme habités par les fermiers.

Autrefois, en cet endroit, on entendait le chant mélodieux des moines ; aujourd'hui on n'entend plus guère que le chant des coqs, le bêlement des brebis, le mugissement des bœufs et le hennissement des chevaux. Comme on le voit, la musique a bien changé de ton !... Hélas ! le temps est si changeant !

---

* La Chapelle-aux-Planches compte 15 habitants environ. Le domaine monacal appartient à M. Dumaine, qui fait un grand commerce de bois aux environs de Paris. Le monastère est habité par son beau-frère, M. Henry Devillers, célibataire. Comme l'endroit est propice, son occupation est de pêcher, chasser, écussonner ses rosiers et bien recevoir ses amis. On peut faire plus mal, à notre avis.

§ 5.

Bienfaits dus aux Moines.

Avant de terminer ce chapitre, disons un dernier mot sur les moines et les services qu'ils rendirent à la société.

Dans le siècle où nous vivons, malgré les immenses services rendus par les moines à la société, il n'est malheureusement pas rare de rencontrer des hommes assez mal avisés pour dire du mal d'eux et condamner sans raison l'institut monastique.

Si, au déclin du dernier siècle, quelques religieux ont failli à leurs devoirs et sali leur robe au contact d'un monde corrompu, il ne faut pas pour cela s'attaquer au corps monastique tout entier, et surtout oublier que, pendant plusieurs siècles, nos religieux ont été généralement les apôtres du travail, de la science et de la vertu. Les abbayes étaient des écoles de prière et de sainteté.

Ce sont elles qui ont aidé l'Eglise à convertir et à civiliser les barbares, après les invasions. .

Sans ces patients religieux, les écrits des anciens auraient fait naufrage, pendant les guerres et les invasions. Ils sauvaient les manuscrits, les transcrivaient, et c'est, grâce à eux, que nous possédons les œuvres immortelles des génies de l'antiquité.

Ce sont les moines qui ont défriché, assaini, cultivé et fertilisé notre sol, presque partout inculte à leur arrivée. Ils ont fait aussi nos cours d'eau. Ils maniaient au besoin la pioche comme la plume.

Et nos églises si belles et si riches? c'est encore l'ouvrage de leurs mains habiles. Ils étaient architectes, sculpteurs, peintres sur toile, sur verre, sur bois. Les vitraux historiés de nos temples chrétiens montrent leur bon goût et leur perfection dans cet art si difficile. Soyons-leur donc reconnaissants et respectons leur mémoire.

Qu'on se figure ce qu'il leur a fallu de temps et d'activité pour construire nos églises en pierre, dans nos pays où le sol n'en renferme point et où les chemins, pour la transporter de loin, étaient alors si peu praticables! Ce qui les encourageait, ces vigoureux ouvriers, c'est qu'ils travaillaient pour la gloire de Dieu et le salut de leurs frères. En bâtissant nos églises, ils chantaient des psaumes et priaient; je sais des maçons aujourd'hui qui font autrement *!

Nous dirons donc sans hésiter que saint Berchaire, fondateur ou cause première de tous les monastères de notre voisinage, est l'homme qui a le plus fait pour notre canton, parmi tous ceux qui y ont vécu

---

* C'est aux religieux de Montier-en-Der, Puellemontier (la Chapelle-aux-Planches), Boulancourt, etc., que notre canton doit d'occuper le premier rang dans le diocèse de Langres, pour ses édifices religieux. Notre canton possède sept églises dignes de remarque.

Le diocèse de Troyes doit à ses nombreuses abbayes d'occuper peut-être le premier rang en France, pour le grand nombre de ses belles églises.

depuis 1200 ans. Et que serait, par exemple, Montier-en-Der sans lui et ses religieux? Aurait-il son église, un des beaux sanctuaires de France? Aurait-il même son haras, qui enfin est un établissement relativement important pour une petite ville? Aurait-il ses courses de chaque année, qui ne laissent pas que d'être lucratives pour ses habitants? Sans l'œuvre de saint Berchaire, notre chef-lieu de canton serait donc un bon gros bourg, où un étranger ne pourrait passer une heure sans s'ennuyer *.

Nous oserons donc, au hasard de passer pour hardi, exprimer ici un désir et former un vœu, avant de clore ces réflexions.

Montier-en-Der s'étend et s'embellit chaque jour. On vient de former une rue neuve, à laquelle on a donné le nom de Saint-Berchaire; c'est déjà bien, mais ce n'est pas assez. On se propose de construire, sur l'emplacement de l'ancien cimetière, une belle maison d'école pour les garçons; devant cet établissement se trouvera une large place. Pourquoi l'intelligente administration de la ville n'appliquerait-elle pas à cette place le nom de notre illustre religieux

---

* Ce que nous avons dit du Haras, nous l'avons dit au seul point de vue de l'importance qui en résulte pour la ville de Montier-en-Der. Autrement, nous déplorons le triste emploi qu'on a fait de ce monastère. Nous préférons l'emploi de Clairvaux et d'Auberive.... ce sont ici des hommes, là des femmes qui expient leurs fautes commises dans la société. Il en ressort au moins une bonne leçon, un exemple frappant pour la moralité du genre humain.....

et ne lui ferait-elle pas dresser une statue, qui représenterait saint Berchaire le regard fixé et la main tendue vers la superbe église abbatiale, bâtie par ses intelligents disciples?

Dijon et même Clairvaux ont une statue du grand moine saint Bernard, et ils en sont, avec raison, très-fiers. Joinville a élevé, il y a seulement quelques années, une imposante statue à l'illustre historien de saint Louis; la ville, pour lui venir en aide, a ouvert une souscription très-étendue. Et, près de nous, Brienne-Napoléon ne possède-t-il pas la statue du héros qui a fait sa célébrité?

Pourquoi n'en ferait-on pas autant chez-nous? Nous ne croyons pas que le canton refuserait son concours.

Que Montier-en-Der tente et mène cette affaire à bonne fin; il aura d'abord un monument de plus et ensuite il aura payé sa dette de reconnaissance envers son glorieux et immortel fondateur !

' Nous venons d'apprendre qu'on se propose de former prochainement un joli square devant l'église. La statue de saint Berchaire y figurerait mieux que sur la place indiquée plus haut.

L'illustre moine serait debout sur le sol même de sa vaste abbaye.

Montier-en-Der a d'autres noms glorieux à tirer de l'oubli : le général Vincent; le baron Neveux, préfet de la Gironde; M. Lebon, qui vient de laisser une somme si considérable pour soulager la classe pauvre, encourager les serviteurs fidèles, etc....

Une rue qui porterait un de ces noms serait plus fière que de s'appeler, par exemple, rue aux Fèves.... on dirait aussi bien : rue aux Haricots!... Pourquoi tant d'honneur à ce légume rustique, vrai Garibaldi de la digestion !

CHAPITRE IV

LE VILLAGE DE PUELLEMONTIER

Puellemontier avant et pendant la Révolution. — Depuis la Révolution jusqu'à nos jours; cloches; cure; maison commune;
établissement des sœurs; horloge; compagnie de sapeurs-
pompiers; chemins et ponts, etc.

———▸—★—◂———

§ 1er

Puellemontier avant et pendant la Révolution.

A l'époque du morcellement de la France et de sa
division en départements en 1790, voici comment
notre village était administré: pour le religieux, notre
paroisse faisait partie du diocèse de Troyes et était
rattachée au doyenné de Margerie; pour le civil, nous
étions du canton de Longeville; du district de Saint-
Dizier; élections de Bar-sur-Aube; conseils de Troyes;
eaux et forêts de Vassy; bailliage et coutumes de
Chaumont; grenier à sel de Montmorency. Nous étions
de la portion de la Champagne, dite le Vallage, et en-
clavés dans cette belle province de Champagne, dont
Troyes était le centre.

Le hameau de Hamtel était de la seigneurie de
Montmorency; ce fut alors qu'il fit partie de notre
village.

Nous avons appris des anciens du pays, que la justice était rendue sous un gros orme, plusieurs fois séculaire. Cet arbre respectable, témoin de tant de décisions, était planté à proximité de la maison de M. Henry-Martinet et du clos de M. Léon Corbet.

On agissait ainsi, *ad instar Regis,* à l'instar du saint roi Louis IX, qui rendait justice à son peuple sous le chêne de Vincennes. Quel beau palais de justice que celui qui avait pour trône la terre et pour voûte le ciel !

Arrivons maintenant à des temps plus rapprochés de nous. Mais avant d'aborder l'époque de l'organisation de notre commune, jetons un coup d'œil rapide sur ce qui s'y passa pendant la tourmente révolutionnaire.

Lorsque notre pays vit ses moines chassés; son curé, M. Bonnaire, trembler et prêter serment; la noblesse qui habitait son château, s'enfuir; alors chacun fut témoin de choses lamentables. Les honnêtes gens, et heureusement c'était la grande majorité, se cachèrent timidement et les mauvais sujets se mirent à l'œuvre.

Par ordre de l'Assemblée nationale, on apporta à la commune les vases sacrés et les ornements de l'église pour les vendre et les profaner. L'église fut fermée; plus de culte catholique, plus de prières chrétiennes. On s'y réunissait cependant encore; mais c'était pour vociférer des hymnes nationales et proclamer, comme ailleurs, le culte insensé de la déesse Raison.

On mutila dans l'église, comme on peut le voir encore aujourd'hui, certaines sculptures qui représentaient les armes ou du château ou de l'abbaye. On gratta toutes les inscriptions d'une dalle en marbre noir, qui recouvre encore les restes mortels des seigneurs du pays; et ces pieux nobles, de leur vivant, nourrissaient les malheureux. On assure que ce fut un forcené, venu de Saint-Dizier, qui se livra à ce vandalisme. Nous le croyons, pour l'honneur du pays.

Pendant ces années de démence, le signe de la croix était proscrit, à moins qu'on ne le fit : aux noms de la loi, de Marat et de Brutus. Un instituteur, Joseph Lemoyne, homme digne de l'époque, s'acquittait de cette triste mission. On faisait lire le calendrier républicain, où les noms des saints étaient remplacés par des noms de plantes, d'animaux et d'instruments aratoires. Enfin on prônait la fameuse décade (semaine composée de dix jours) pour abolir la semaine chrétienne et surtout le grand jour du dimanche. Ailleurs les choses se passaient de la même manière.

Nous demandons pardon à nos chers paroissiens de leur révéler des choses aussi pénibles, réalisées par leurs pères. Voilà où en arrive un peuple qui veut se passer de Dieu et de la religion. Le rouge monte au visage, quand on pense que tout cela se passait ainsi en France à la fin d'un siècle qui touche au nôtre.

La révolution a introduit d'utiles améliorations sociales, nous en convenons; mais ses excès la rendront toujours odieuse. C'est une page que tout bon Français voudrait pouvoir arracher de nos glorieuses annales. Mais le cœur saigne quand on songe que ces abominations sont enregistrées dans le domaine de l'histoire et qu'elles passeront à la postérité.

Que ce soit au moins pour elle une leçon salutaire !..

Mais fort heureusement, la révolution travaillait en vain. La religion est une institution divine que l'homme ne peut détruire. La foi chrétienne comprimée ne demandait qu'à se manifester; l'occasion se présenta.

Napoléon Ier, homme supérieur à son époque, comprit en arrivant au pouvoir par son seul génie, qu'il ne pouvait sauver la société de l'anarchie qu'en l'appuyant sur la religion catholique. Il rouvrit les églises fermées, rappela les prêtres de l'exil. On vit alors la foule envahir la maison de Dieu, en versant des larmes de joie. Puellemontier offrit un spectacle consolant, par la foi vive que montrèrent ses principaux habitants.

A dater de ce jour on vit l'ordre renaître. Le Concordat, entre le Pape et Napoléon, rendit la tranquillité à la France.

Puellemontier, sous le rapport religieux, fut rattaché au diocèse de Dijon, puis de Langres. Sous le rapport civil, il fit partie du département de la Haute-Marne, de l'arrondissement de Vassy et du canton de Montier-en-Der.

§ 2

Puellemontier depuis la Révolution jusqu'à nos jours.

A cette époque, les communes avaient partout besoin d'avoir à leur tête des hommes actifs et intelligents, pour les pousser et les diriger dans la voie de tant d'améliorations désirables.

Puellemontier eut la bonne fortune de rencontrer un homme de premier ordre.

M. Paul-Alphonse-Jean-Baptiste, marquis de Meyronnet, naquit en 1779 à Aix, en Provence, d'une famille ancienne et illustre. Au commencement de ce siècle, en 1801, il épousa Mlle de Bienville et vint habiter notre commune, dans le château de son épouse.

Puellemontier avait alors pour maire, M. Nicolas Corbet, qui découvrit bien vite les capacités hors ligne du jeune chatelain. Au bout de quelques années, il se démit, par une délicatesse qui lui fait honneur, de ses fonctions pour placer M. de Meyronnet à la tête de la commune. Le nouveau maire entrait en activité au commencement de 1807. Homme actif, spirituel, d'un jugement solide, d'un accès facile, il comprit sa tâche, se mit à l'œuvre et gagna toutes les sympathies. Ceux qui l'ont bien connu, disent que par son talent, sa fortune et son titre, s'il eut voulu entrer dans la carrière diplomatique, il eut obtenu un poste d'ambassadeur ou un portefeuille de ministre. Ses amis arrivèrent à ces positions élevées, qu'il n'ambitionna jamais. Il aima mieux habiter son cher Puellemontier et s'acquitter courageusement de son modeste mandat. Il fut maire pendant un demi siècle, jusqu'à sa mort, qui arriva en 1855.

Nous allons rappeler sommairement les restaurations, les constructions et les embellissements dont il dota notre pays, et on comprendra par là la grandeur de ses vues administratives.

Du reste, les signaler c'est faire notre histoire communale.

Les commencements furent lents; il ne pouvait en être autrement. Les guerres longues et ruineuses du premier empire; les invasions de 1814; la peste et la famine qui sévirent peu après; autant de causes qui paralysèrent toute la société depuis les villes jusqu'aux campagnes.

Pendant ces temps calamiteux, notre village envoya plusieurs de ses enfants mourir au champ d'honneur.

Enfin, la paix ramena le travail et la richesse; la société prit son essor.

En homme religieux, M. le marquis de Meyronnet commença par s'occuper de l'église. Dieu avant les hommes; à tout seigneur tout honneur! Notre belle église réclamait que sa toiture fût retenue et ses murs extérieurs réparés. Ce travail fut fait convenablement.

CLOCHES.

Une petite cloche restait seule au beffroi et, de sa faible voix, appelait les fidèles au saint lieu. On fit fondre deux cloches un peu plus importantes. Leur bénédiction eut lieu le 10 septembre 1820. La grosse (c'est modeste!) pesant 400 kil. et placée sous l'invocation de saint Louis, eut pour parrain M. Alphonse, comte de Meyronnet, fils du maire, et, pour marraine, Mme Adèle-Louise de Thumery, comtesse de Bienville. La petite, pesant 300. kil. et sous l'invocation de la sainte Vierge, eut pour parrain M. Arthur, comte de Bourcier de Monthureux fils, et, pour marraine, Pauline de Meyronnet, comtesse de Guitaud.

Ces cloches furent fondues par M. Viry, de Cousances (Meuse).

Il y eut dans la commune grande fête à cette occasion.

CURE.

De l'église à la cure, il n'y a qu'un pas. Le presbytère était chétif; M. le maire voulut donner à l'homme de Dieu une maison digne de sa position. La cure fut bâtie en 1829 et 1830 (sur l'emplacement de la vieille cure, construite en 1690; puis vendue comme bien national pendant la révolution, et rachetée en 1803 pour la somme d'environ 2,400 francs.) Ce nouveau presbytère coûta, y compris les vieux matériaux, environ 10,000 francs. M. Lafond, de Wassy, en fut architecte, et M. Lacour-Jacquot, de Montier-en-Der, entrepreneur.

5

MAIRIE.

Après que le desservant fut parfaitement logé, l'administration porta sa sollicitude sur l'instituteur et son école. La maison commune fut donc construite, en 1841, pour la somme de 6,000 fr., sans compter les nombreux matériaux provenant de l'ancienne mairie.

ÉTABLISSEMENT DES SŒURS.

. Les garçons servis, il fallait s'occuper des filles; autrement les filles d'Ève en eussent été jalouses. Mais M. de Meyronnet avait déjà songé à elles bien avant cette époque. Comprenant tout ce que l'éducation des petites filles réclamait d'attentions délicates, il avait été l'instigateur et le témoin de la donation suivante : sa belle-mère, Éléonore-Irénée Valburge de Ferrette, comtesse de Bienville, donna, en 1821, une maison avec mobilier et dépendances pour un établissement de sœurs. Le tout valait environ 4,500 francs. Sur cette somme, M. Benoît Pesme, prêtre, né à Puellemontier, donna 500 francs pour contribuer à cette excellente fondation. On eut d'abord une sœur de la doctrine chrétienne.

Plus tard, M. de Meyronnet s'adressa aux sœurs de la Providence de Langres, pour en obtenir deux religieuses, dont l'une instruirait les enfants et l'autre donnerait des soins aux malades. Ces deux sœurs furent d'abord installées dans une modeste maison; mais en 1848 et 1849 elles furent dotées d'un bel

établissement. Cette maison, par suite du décès d'un
vieux voisin, ne fut complétée qu'en 1865 par l'administration actuelle. Nous lui en témoignons ici toute
notre gratitude. Les dépenses faites à ces deux époques
peuvent atteindre le chiffre de 8,000 francs.

Nous ferons remarquer, en passant, que la cure fut
bâtie en 1830 et la maison des sœurs en 1848. Ces
deux dates rappellent nos deux dernières révolutions.
On voit par là quels sentiments élevés dirigeaient
notre municipalité sous l'influence de son digne magistrat.

POMPE A INCENDIE.

Nos localités sont connues, et nos maisons en bois
sont une vraie curiosité pour les habitants des mon-
tagnes rocheuses. Maisons en bois, disent-ils, en cas
d'incendie, ça doit faire un feu de paille et brûler en
un clin-d'œil! Nous sommes de votre avis, messieurs
de la montagne.

Voilà pourquoi, afin d'éviter ces sinistres éventua-
lités, nos maisons des pays bas sont éloignées ordinairement les unes des autres. Chacun alors possède
un petit domaine autour de sa demeure; on n'a qu'à
tendre la main et on cueille légumes et fruits. Il y a
encore d'autres avantages, inconnus des montagnards;
c'est qu'on évite d'abord les chicanes avec un trop
près voisin, et ensuite, si on gronde parfois un peu
fort sous le toit conjugal, le voisin n'entend rien....

Or, comme les incendies sont à craindre, une pompe

et de vaillants pompiers sont nécessaires, au moins pour en atténuer les effets désastreux.

Donc, en l'an de grâce 1842, par un beau jour d'été, les habitants de Puellemontier virent avec satisfaction dix-huit de leurs plus vigoureux concitoyens, bien équipés, figures épanouies, faire manœuvrer une pompe du premier choix. Ils crièrent tous : Vive M. le marquis de Meyronnet! Ça en valait réellement bien la peine.

Le soir, les Puellemontiens se couchaient tous, sinon assurés, au moins rassurés contre l'incendie, et dormaient en paix sur leurs deux oreilles.

HORLOGE.

Notre commune, comme tant d'autres, n'avait pas d'horloge; cette machine précieuse, qu'on peut appeler l'âme d'une localité. Qu'ils sont longs les jours, qu'elles sont longues les nuits pendant lesquels on n'entend pas résonner le timbre, fixant la marche du temps!

En 1847, en avant de l'église et au-dessus du grand portail, on éleva un gracieux clocheton à jour, on y plaça une horloge et un timbre; le tout au prix de plus de 3,000 francs.

Depuis cette époque, nos ouvriers savent l'heure de la soupe et leurs enfants, quelques-uns un peu à regret, l'heure de la classe.

Tout ce que nous venons de signaler suffirait grandement à la gloire d'un maire même chatouilleux; le mérite de M. de Meyronnet ne se borne pas là. Il a d'autres titres encore à la reconnaissance publique.

Nous allons dire, en quelques mots, ce qu'il fit pour nos chemins et nos ponts, et comment il sut augmenter les revenus de la commune.

CHEMINS ET PONTS.

Ceux qui ont vu nos chemins, il y a 40 à 50 ans, savent qu'il fallait alors marcher avec des échasses. On enfonçait dans la boue jusqu'aux mollets. Un cheval avait de la peine à traîner un char à vide.

Notre sol ne renferme aucune pierre, et une carrière est parmi nous chose inconnue. Il faut, pour plomber nos chemins, aller chercher la pierre à 18 et 20 kilomètres. C'est ce qui nécessite des dépenses incroyables et dont on se fera une idée, quand on saura qu'un mètre de pierre, rendue sur nos chemins, coûte de 7 à 8 francs. Or un mètre de cailloux, sur nos chemins, disparaît comme un seau d'eau dans la rivière.

Sachant cela, qu'on juge de ce qu'il a fallu de travaux, de dépenses et de temps pour faire nos routes actuelles ; nos routes où maintenant les voyageurs affairés volent en petite voiture et jettent, dans leur course rapide, de la poussière aux yeux des piétons !

Pour parfaire ces routes, il a fallu exhausser le terrain, faire de chaque côté de profonds fossés et percer de place en place des saignées ou aqueducs, afin que les eaux puissent s'écouler.

On rendra justice à ce gigantesque travail, en apprenant que sur notre territoire il y a 54 aqueducs, construits en pierre taillée. Nous possédons de plus 8 grands ponts, dont 3 sont jetés sur la Voire et les 5 autres sur des chaussées élevées et dont les eaux finissent par aboutir à la rivière précitée.

Le plus grand des ponts (dits ponts de la ville) a été construit en 1840 et, en dehors des vieux matériaux, a coûté plus de 5,000 francs.

Le grand pont de la Vacherie fut bâti en 1848, moyennant 13,000 francs bien comptés *.

On peut soupçonner, par ce simple exposé, quelles durent être approximativement les dépenses occasionnées par tant de travaux. Nous en avons fait l'estimation et nous l'avons évaluée à environ 250,000 fr.

On fit cette grande dépense, donc on avait l'argent, dira-t-on? Cela est vrai; mais on devrait ajouter : donc on a su produire cet argent. C'est en ceci, avant tout, que consiste le véritable génie de toute administration : savoir se créer des ressources. L'administration, dont nous parlons, a encore eu ce mérite.

D'abord, en faisant des chemins bien entretenus, l'administration put disposer et louer par lots les terres communales, qui auparavant servaient de voyeux **; on

---

* Nous ne comprenons pas, dans notre calcul ci-dessus, treize ponts plus ou moins importants (trois sur la Voire et dix sur la Héronne) répandus sur le domaine du château et entretenus par M. de Meyronnet.

Vraiment, si notre commune voulait jamais changer de nom, n'aurait-on pas raison de l'appeler : la *Ville-aux-Ponts.*

** Le mot *Voyeu* vient du mot latin *via*, qui signifie : voie, route, chemin....

appelle voyeux, dans nos pays, ces larges et vieux chemins, où dix voitures auraient passé de front; quand un côté était impraticable, on passait de l'autre

Aujourd'hui, que ces chemins sont bien dressés et entretenus, la commune a loué, de chaque côté, de larges bandes de terre; ce qui procure un bon revenu et aide la commune dans l'entretien de ces mêmes chemins.

Voilà un premier revenu, dont l'initiative revient à M. de Meyronnet.

Parlons maintenant du revenu de la prairie du Ham.

Le Ham est une vaste prairie, donnée par une vieille dame fort riche, aux communes de Longeville, Lantilles, Hampigny, Villeret, Montmorency et Puelle-montier. Les habitants de ces communes auraient, dit-on, rendu un important service à cette dame qui, en retour, leur aurait donné cette prairie en partage. Il faut avouer que ce service fut largement récompensé.

Après une longue jouissance, il y eut de vives contestations entre les communes précitées, relativement aux droits de chacune d'elles pour le partage du Ham, où l'on conduisait les oies et les bestiaux. Pour couper court à tout différend, M. de Meyronnet proposa un partage. Grâce à son influence, la chose fut acceptée, et, après de grandes difficultés, le partage fut mené à bonne fin, en 1846. La portion qui échut à Puelle-montier (pour son hameau de Hamtel) fut d'environ

31 hectares, ce qui donne, à la mesure de notre pays, environ 83 fauchées, qui furent alors estimées seulement 31,000 francs. Cette estimation serait faible aujourd'hui.

Jusqu'au moment du partage, les habitants seuls en avaient eu la jouissance, par la vaine pâture pour leurs bestiaux. M. de Meyronnet loua cette prairie au profit de la commune. La première location produisit 1,200 francs; depuis ce temps, le produit a toujours augmenté, et actuellement la commune en retire annuellement la somme de 2,300 francs.

On voit par là comment M. de Meyronnet sut augmenter les revenus de notre commune.

En parlant de l'administration de cette époque, la justice nous fait un devoir de signaler aussi un homme qui fut très-dévoué pour notre commune. Nous voulons parler de M. François Gauthier, dont le fils est aujourd'hui lieutenant de la compagnie des sapeurs-pompiers. Pendant les 28 ans qu'il fut adjoint, il fut le digne associé de M. de Meyronnet. Homme intelligent et actif, il avait l'œil à tout. Outre cette fonction, M. François Gauthier fut, pendant plus de 30 ans, trésorier de la fabrique. Il s'acquitta de cette autre charge avec le même dévouement et à la grande satisfaction de tous les amis de l'Eglise.

Avant de finir cet article, rappelons en passant, comme années d'épreuves : le choléra de 1832 et de 1854; la grêle de 1861 (fléau inconnu dans nos pays de plaine), et les inondations de 1866, sans compter les précédentes.

Arrêtons-nous ici; car nous touchons à notre époque. La plupart de nos paroissiens ont été témoins des constructions et des faits que nous venons de relater. Nous sommes assuré que leur appréciation sera conforme à la nôtre.

Notre commune est donc faite et organisée sur un bon pied; nos devanciers ont eu cette gloire. La nôtre doit être placée dans l'entretien et la conservation de ce qu'ils nous ont légué.

Ajoutons que l'administration actuelle le comprend, et, ce qui vaut beaucoup mieux, le fait.

Il nous reste maintenant à parler de notre église, du collège, du château et de la statistique de Puellemontier; autant de chapitres qui vont suivre.

CHAPITRE V

L'ÉGLISE

Ses dimensions. — Caractères de son Architecture. — Sculptures : piliers, piscines, porte de la sacristie, fonts baptismaux; sculptures sur bois. — Statues. — Maître-Autel. — Vitraux historiés. — Reliques. — Saints honorés particulièrement. — Institutions pieuses.

Mgr de Prilly, mort évêque de Châlons il y a quelques années, venait à Puellemontier alors que le collége de M. l'abbé Geoffroy existait. Avant ou après la distribution des prix qu'il aimait à présider, il se faisait un véritable plaisir de visiter notre église, qu'il appelait « une bonbonnière. »

Essayons de faire la description de cette église si bien qualifiée.

DIMENSIONS.

L'église de Puellemontier mesure 25 mètres de longueur, sur une largeur de 11 mètres à l'entrée et de 14 mètres aux transepts. Sa hauteur sous voûte est d'environ 10 mètres. Le clocher principal mesure environ 30 mètres.

CARACTÈRES DE SON ARCHITECTURE.

Ce monument religieux, comme la plupart de ceux qui l'environnent, appartient à deux époques architecturales. Depuis le portail jusqu'à la chaire à prêcher,

c'est le style roman ; le chœur et le sanctuaire sont
du style gothique, fin du xvᵉ siècle. Le grand portail
est à plein cintre et trilobé ; les trois fenêtres qui le
surmontent et qui mesurent ensemble 1 mètre 80 de
superficie, offrent une nuance ogivale. Les deux petits portails, situés de chaque côté du principal, ont
leur tympan gothique et sont de construction plus ré-
cente. A l'intérieur de l'église, on voit dans la partie
romane, quatre travées et trois fenêtres gothiques, re-
faites plus tard pour consolider les anciens murs ; les
deux autres travées sont à plein cintre.

Le chœur et le sanctuaire offrent un beau coup d'œil,
surtout depuis que nous avons fait enlever le grand
Christ, qui en masquait l'ensemble, pour le placer en
face de la chaire.

On y voit six piliers ornés de sculptures ; sept clefs
de voûtes richement décorées ; onze fenêtres gothiques
toutes garnies de superbes verrières ; tout cet ensemble
est relié par des arcades aux nervures correctes et
produit un bel effet.

Le chœur et le sanctuaire sont l'œuvre des religieux
de notre abbaye. Ils puisèrent dans les principes du
christianisme les formes de cette belle architecture,
qui aujourd'hui fait l'admiration de nos plus grands
artistes. La solidité de leurs constructions est le sym-
bole de leur foi vive ; l'élégance et la hardiesse de
leur architecture s'élançant vers le ciel, représente
leur espérance en Dieu ; les piliers, élevés par leurs
mains, et se rattachant ensemble aux clefs des voûtes,

rappellent la charité chrétienne qui embrasse Dieu et l'humanité.

On a eu raison de dire que l'abbaye et le château furent les deux symboles chrétiens au moyen-âge et au commencement des temps modernes. Le château est guerrier et politique; l'abbaye est pacifique et religieuse. Le château a des cours, des murs, des tours, des bastions, des créneaux, des ponts-levis et des soldats. L'abbaye a des chapelles, des autels, des nefs, des verrières et des artistes.

Le clergé régulier sanctifia la richesse en l'introduisant dans la maison de Dieu; il évoqua l'art, employa la peinture sur verre, retraça sur les fenêtres de ses églises toute sa religion. Ce ne sont pas seulement des mosaïques pour les absides; ce sont des peintures sur tous les vitraux. On y représente l'ancien et le nouveau Testament aux yeux de ceux qui ne savent pas lire dans les livres. Les vitraux se lient à la poésie, à l'éloquence et à l'histoire; le souffle de Dieu entre dans les yeux des chrétiens. La foi enfante des artistes verriers qui, par modestie, ne signent pas leurs œuvres si admirables.

Dans un instant nous ferons la description des vitraux dont ils ont doté notre église.

SCULPTURES DES PILIERS.

Les six piliers qui précèdent le sanctuaire et forment le chœur, ont à leur partie supérieure un large cordon sculpté et représentant des feuillages, des ceps de vigne avec leurs raisins, des épis, des boudins entrelacés, et ça et là des figures grimaçantes. On voit, par exemple, des vendangeurs qui rient en vidant leurs beaux raisins dans la cuve; il ne faut pas trop les blâmer.

Plusieurs autres piliers, encadrés dans les murs, offrent aussi de belles sculptures. Le badigeon qui les couvrait a été délicatement enlevé par les soins de M. de Meyronnet et de mon prédécesseur M. Didelot.

PISCINES

Ayant à mon arrivée changé de place le confessionnal, et plus tard, en 1864, ayant aussi fait disparaître nos boiseries, j'ai mis à jour trois piscines remarquables *. La piscine du sanctuaire est une des plus belles que nous connaissions; elle mesure 1 mètre 60 de hauteur sur 1 mètre 30 de largeur. Son pourtour est une vraie dentelle.

La piscine de la chapelle de la sainte Vierge, a 1 mètre 50 sur 1 mètre; moins belle que la précédente; elle a cependant du mérite. La troisième, simple et sans sculptures, a 1 mètre 20 sur 90 centimètres.

PORTE DE LA SACRISTIE.

Cette porte est carrée. Elle est formée par deux colonnettes que réunit une large pierre sculptée et re-

---

* Ces planches ouvragées, mais œuvre d'une époque de mauvais goût, avaient été posées en 1768. On devrait partout en faire justice, surtout dans les églises qui ont un cachet d'architecture.

présentant deux anges tenant un écusson, qui a été gratté en 1793.

FONTS BAPTISMAUX.

Un riche monolithe (une seule pierre), en forme de vase, sert de fonts de baptême. Un cordon sculpté en fait la bordure; plus bas sont figurés les symboles des quatre évangélistes. Ces fonts sont dignes de remarque.

SCULPTURES SUR BOIS.

Notre église possède également de riches sculptures sur bois. D'abord deux stalles adossées contre les deux principaux piliers du chœur. Un autel, dans la chapelle de sainte Syre, avec gradins, tabernacle et clocheton.

Ces sculptures sont du style de l'église, c'est-à-dire du xve siècle *.

La chaire à prêcher, qui est jolie, n'offre de remarquable que deux têtes d'anges.

STATUES.

L'église Notre-Dame de Puellemontier possède dix-huit statues, toutes convenablement faites; trois sont en pierre; deux en carton pierre et dorées (statues de de la sainte Vierge); six en bois également dorées et sept en terre cuite, provenant des ateliers de M. Léon Moynet, de Vendeuvre (Aube).

* Les stalles ont été posées à la fin de 1863. L'autel fut dressé en janvier 1865. L'artiste est M. Charton-Froissard, sculpteur à Dampierre (Aube). Le tabernacle seul est très-ancien.

A l'entrée du sanctuaire, à chaque extrémité de la table de communion, le visiteur voit deux énormes statues en pierre, élevées sur deux solides socles en bois. Du côté de l'évangile, c'est sainte Syre qui donne son nom à la chapelle voisine; du côté de l'épître, c'est sainte Flore. Elles semblent deux sentinelles d'honneur qui gardent le saint tabernacle. Ce sont deux souvenirs de notre communauté de la Chapelle-aux-Planches, que nos habitants dévoués transportèrent dans leur église, après le départ des moines.

Les statues, dans nos temples, sont une prédication pour les fidèles. En voyant les images de ces héros de la foi, on comprend que pour les rejoindre au ciel, il faut les imiter sur la terre.

MAÎTRE-AUTEL.

Saluez ce grand autel! Comme tabernacle, il renferme le Saint des saints; comme travail, c'est un des nombreux chefs-d'œuvre de l'illustre Bouchardon, la gloire de Chaumont où il est né. Il le fit pour notre monastère, d'où on le transporta dans notre église. Huit élégantes colonnes, à chapiteaux sculptés et dorés, supportent un riche baldaquin au ciel duquel on admire six têtes d'anges admirables, sortant du milieu des nuages. Aux deux angles, quatre anges adorateurs, les bras tendus, les ailes déployées, tout étincelants d'or, jettent sur l'autel un regard mélangé d'amour et d'effroi. On ne peut les regarder attentivement sans être saisi; leurs yeux parlent. De chaque côté du tabernacle, on voit deux statues aussi en bois et dorées ; elles représentent : l'une, saint Augustin et l'autre saint Norbert. Nos religieux, étant de l'ordre de Prémontré, fondé par saint Norbert, suivaient la règle de saint Augustin, c'est ce qui explique la présence de ces deux statues sur leur ancien autel. Le grand évêque d'Hippone, la mitre en tête, tient un livre d'une main pour signifier la science du docteur et de l'autre un cœur, image de son amour pour Jésus-Christ et son Eglise. Le célèbre moine tient d'une main la croix, image de sa foi et de son apostolat, et de l'autre un calice, emblème de son sacerdoce et de sa piété envers la sainte Eucharistie.

Je ne parlerai pas des autres richesses de cet autel, répandues sur les gradins et sur le tombeau. Je me contente de les mentionner.

Passons vite à d'autres merveilles.

VITRAUX HISTORIÉS.

Rien n'est plus saisissant, dans nos églises, que la vue des fenêtres historiées. Elles sont à la fois un livre et un ornement. La lumière qu'elles répandent, en se jouant mystérieusement avec les ombres, est une image de nos dogmes.

Tout y respire la majesté de la maison de Dieu, et, en les voyant, on est porté au recueillement et à la prière.

Après l'incomparable église de Ceffonds, celle de Puellemontier renferme les plus beaux vitraux de notre diocèse.

Quatorze fenêtres, dont cinq dans le sanctuaire, trois dans chaque chapelle latérale, et trois au-dessus de la tribune ou du grand portail, composent cette riche collection. Sur ce nombre, huit remontent au commencement du XVIe siècle, et les six autres sont plus ou moins récentes.

Nous allons en faire rapidement la description, en commençant par les verrières anciennes.

Entrons dans le sanctuaire du côté de l'Evangile :

Premier Vitrail. — Trois saintes figurent sur les panneaux du milieu, l'une tient un livre et une épée, à ses pieds est une portion de roue armée de dents ; c'est sainte Catherine. La seconde a les mains jointes et foule aux pieds un énorme et horrible dragon ; c'est sainte Marguerite. La troisième porte la palme du martyre, et une tour est à ses côtés ; c'est sainte Barbe.

Deuxième Vitrail. — Pour l'intelligence de cette verrière, il faut rappeler la légende de sainte Anne. On y voit que son époux Joachim, s'étant présenté au temple de Salomon pour faire son offrande, en fut chassé parce qu'il n'avait pas de postérité. Honteux de cette humiliation, il se rend auprès de quelques bergers gardant leurs brebis. Un ange lui apparaît et lui ordonne d'aller à la Porte-Dorée trouver sainte Anne, son épouse, qui devait le rendre père d'un miraculeux enfant.

Sur l'un des panneaux on voit Joachim près des

6

bergers; un ange se présente à lui tenant une banderolle portant ces mots :

> Anne de toi concevera
> Marie dont ton bien viendra.

Sur le panneau voisin apparait la Porte-Dorée;
sainte Anne est sur le seuil et reçoit Joachim qui l'embrasse.

Les deux panneaux au-dessous représentent : l'un la
naissance du Sauveur à Bethléem; au-dessus du divin
groupe et des animaux de l'étable, deux anges tiennent
une légende avec ces mots : *Gloria in excelsis Deo.*
L'autre panneau rappelle l'adoration des rois Mages
avec leurs riches présents.

Troisième Vitrail. — Les deux panneaux supérieurs
représentent l'Annonciation et la Visitation. Sur le
premier on voit la Vierge à genoux près d'un autel en
forme d'oratoire, près d'elle un ange avec un sceptre à
la main; au-dessus du messager divin on lit ces mots :
Spiritus sanctus superveniet in te. — Au-dessus de
Marie on lit : *Ecce ancilla Domini, fiat mihi secundum
verbum tuum.*

Sur le second on admire la Vierge vêtue d'une robe
brune et d'un manteau d'azur; sainte Élisabeth, coiffée
et vêtue comme il convient à son âge, la reçoit et la
félicite par ces mots : *Perficientur in te*, etc.; la Vierge
répond humblement : *Fecit mihi magna qui potens
est.*

Sur les deux panneaux inférieurs on a retracé; sur

l'un la Nativité de la sainte Vierge et sur l'autre la Puri-
fication et la Présentation au temple.

Au bas de cette remarquable verrière on lit ce qui
suit :

L'an mil cinq cent et XXVII (1527) cette verrière....

Ces vitraux comptent donc trois cent quarante ans
d'existence ; à leur fraîcheur on croirait qu'ils sont
d'hier.

Quatrième vitrail. — Il renferme six panneaux :
sur le premier on voit Jésus en croix, environné des
saintes femmes ; le second présente la descente de la
croix ; le troisième retrace le baiser perfide de Judas,
dont la figure horrible offre un frappant contraste
avec le doux visage du Sauveur ; le quatrième montre
Jésus priant au jardin des Olives à côté de ses apôtres
endormis, on lit ces mots qui sortent de la bouche du
Sauveur : *Si possibile est transeat a me calix iste ;* le
cinquième offre le tableau de la résurrection du Christ ;
enfin le sixième dépeint l'apparition de Jésus à la
Madeleine, et on lit ces mots : *Noli me tangere.*

Cinquième vitrail. — Cette fenêtre est la dernière
du sanctuaire, du côté de l'Epître, au-dessus de la
piscine. Elle rappelle trois scènes de la Genèse.

Le premier panneau représente la création de
l'homme ; le Créateur est vêtu d'une chape et la tête
ceinte d'une triple couronne, et notre premier père
Adam l'adore à genoux. Au milieu, sur le deuxième
panneau, on voit l'arbre de science et près de lui Adam
et Eve debout. Un serpent à tête de femme entoure le

tronc. La coupable Ève tient une pomme à la main. Enfin l'autre panneau reproduit l'expulsion du paradis terrestre; l'ange, armé d'une épée flamboyante et avec une figure de feu, chasse Adam et Ève qui quittent l'heureux séjour en baissant tristement la tête.

Sur ces cinq fenêtres du sanctuaire, les trois du fond sont partagées chacune par un meneau; les deux, à l'entrée, ont chacune deux riches meneaux.

Quittons le sanctuaire et transportons-nous dans la chapelle de Sainte-Syre, occupée par le personnel du château. Là, nous voyons trois fenêtres.

La première (la plus éloignée de l'autel) représente deux vastes tableaux, entrecoupés par deux meneaux. Le premier tableau retrace, avec un effet saisissant, la sépulture de Notre Seigneur. On voit le Sauveur étendu sur un vaste tombeau et autour de son corps sept personnages dont la tristesse est si expressive qu'elle émeut tout spectateur attentif. Le deuxième tableau, au-dessus, représente la résurrection de Jésus-Christ; un ange a soulevé la pierre du tombeau, le Christ, la croix à la main, s'élève en triomphateur, les soldats effrayés se roulent sur leurs armes et leurs boucliers. Cette fenêtre est ravissante.

La deuxième fenêtre, également partagée par deux meneaux, nous offre le spectacle touchant de la mort de la sainte Vierge. On voit la mère du Sauveur étendue sur un lit; autour d'elle sont rangés les apôtres et les évangélistes; Marie rend son âme à Dieu, qui vient la recevoir et la couronner. Au-dessus de cette sainte assemblée, on lit ces paroles : *Surge, propera amica mea et veni*. Plus haut, on lit sur une légende portée par deux anges : *Veni coronaberis*. Des anges aux riches tuniques se détachent sur un fond d'azur, et avec des trompettes d'or et des archets agiles qu'ils promènent sur le rebec harmonieux, ils chantent : *Hæc est Regina Angelorum.... Virginum quæ genuit regem....*

Ces deux fenêtres sont du commencement du XVIᵉ siècle. La seconde a été légèrement restaurée en 1845, par M. Vincent, de Troyes.

Au-dessus de l'autel est la troisième fenêtre, qui date seulement de 1845; elle a été peinte par M. Vincent, de Troyes, et donnée par M. le marquis de Meyronnet, comme l'indique une inscription placée dans le tympan de la fenêtre. Elle retrace dans huit panneaux la vie de saint Hubert. Dans les deux premiers (en commençant par le bas) on voit saint Hubert en chasse et le Christ lui apparaître entre les cornes d'un cerf. Les troisième et quatrième panneaux le montrent devenu évêque, brisant les idoles dans la forêt des Ardennes et donnant l'aumône aux pauvres nombreux qu'attirait sa charité. Sur les cinquième et sixième panneaux, on le voit guérissant une fille possédée du démon; et priant près du tombeau de saint Lambert, son prédécesseur sur le siége épiscopal de Maëstricht. Enfin, sur les deux derniers panneaux, il prêche son peuple, et ce même peuple assiste ensuite à ses funérailles.

L'ensemble de la fenêtre est assez satisfaisant;

M. Vincent était à son début, il eût mieux fait plus tard.

Repassons maintenant devant le sanctuaire et gagnons la chapelle de la Sainte-Vierge. Trois vitraux nous y attendent.

Le grand vitrail, au-dessus de l'autel, est de 1531. Il occupe trois compartiments, formés par deux meneaux. C'est l'arbre de Jessé qui y est représenté. Quand je suis arrivé à Puellemontier, je trouvai cette fenêtre mutilée. On avait eu, il y a trente et quelques années, le triste courage d'en enlever quatre panneaux, de les faire murer et d'y adosser une affreuse niche d'un style inqualifiable. En 1864, je fis justice de ce mauvais travail, et la fenêtre fut restaurée et complétée selon le texte évangélique. Elle compte quarante-deux personnages, y compris la Vierge et l'Enfant Jésus. On voit au bas Jessé, aux traits vénérables, assis sur un fauteuil ouvragé; de son cœur sort l'arbre symbolique et on lit ces mots : *Flos e radice Jesse.* Les rameaux s'étendent avec majesté, et sur leurs feuillages arrondis s'échelonnent les patriarches et les rois, glorieux ancêtres de la Vierge-Mère *

Les deux autres vitraux ont été posés vers la fin de 1861. Nous ne connaissions pas, à cette époque, les artistes que nous venons de signaler; nous nous sommes alors adressé à M. Maréchal, de Metz.

---

* Cette fenêtre a été parfaitement restaurée par MM. Erdmann et Krémer, peintres sur verre, rue Cité-des-Fleurs, Batignolles. 37, à Paris. Nous recommandons ces deux artistes distingués aux ecclésiastiques qui liront ces lignes.

Le premier vitrail représente deux grands personnages : la Vierge Immaculée, tenant un lys et foulant aux pieds la tête du serpent; Jésus-Christ docteur, portant la croix et l'Evangile.

L'autre vitrail renferme saint Jean-Baptiste et saint Antoine, ces deux modèles de la vie chrétienne et pénitente.

Les draperies sont riches et les couleurs, en certains endroits, sont trop vives et trop chargées.

Autrefois ces deux fenêtres avaient des vitraux du XVIe siècle; mais le temps et le manque de soin ont tout détruit. Il n'en reste qu'un vestige qui se voit au tympan de la fenêtre, près du confessionnal.

Avant de sortir de l'église, jetons les yeux au-dessus de la tribune. Trois fenêtres élancées renferment trois sujets musico-religieux. Au milieu, on voit un ange tenant une banderolle avec ces mots : *Gloria in excelsis Deo.* D'un côté David pince les cordes de la harpe, de l'autre sainte Cécile touche de l'orgue [*].

On avouera que sous les yeux de pareils maîtres, il n'est pas permis de chanter mal, ni de faire de la mauvaise musique sur l'orgue harmonium! Autrement notre suisse montrerait la pointe de sa hallebarde ou bien ferait faire silence avec sa canne à pomme. Mais espérons que non!

Reliques. — Le mot relique, du latin *reliquiæ,* signi-

---

[*] Ce bel ouvrage est de MM. Erdmann et Kremer. Il fut posé à la fin de 1866.

fie tout ce qui reste des Saints après leur mort, leurs os, leurs cendres, leurs vêtements, etc....

On les garde précieusement pour honorer leur mémoire. Les reliques, dans une église, sont une école et un parfum de vertu. C'est là que les chrétiens, qui sont sur la terre, apprennent à combattre pour le ciel. Les Saints ont été les ancêtres, les aînés, les héros de la grande famille chrétienne; allons prier souvent près de leurs ossements pour apprendre à bien vivre. Leurs corps ont été les temples du Saint-Esprit, et ils doivent ressusciter glorieux. Entourons-les donc de nos respects.

Notre église possède de précieuses reliques :

Iᵒ D'abord une croix en argent renfermant une parcelle du bois de la vraie Croix, et, autour de ce riche trésor, des reliques des douze apôtres.

IIᵒ Un petit reliquaire contenant des reliques de saint Nicolas et de sainte Catherine.

Ces deux reliquaires renferment les authentiques.

Toutes ces reliques précitées ont été données à Rome par le Souverain-Pontife Pie VI, le 13 mars 1797, à M. Jean-Baptiste Pesme, prêtre exilé pendant la grande révolution *.

---

* Ce digne prêtre est né à Puellemontier, dans une famille où la piété est traditionnelle. Il fut curé à Lévigny (Aube). Il mourut à Bar-sur-Aube, à l'âge de 86 ans. Son corps fut ramené à Puellemontier et inhumé devant le grand portail de notre église, le 18 juillet 1820. Quelques années plus tard, son frère Benoît-Hyacinthe Pesme, curé de la ville de Pont-le-Roy et chanoine honoraire de Troyes, mourut aussi à Bar-sur-Aube. Son corps fut ramené à Puellemontier et enterré près de son frère.

Nous sommes encore redevables à ce prêtre d'une grande faveur. Notre grand autel est privilégié à perpétuité, par l'autorité apostolique de Pie VI. Nous possédons les pièces qui attestent cet insigne bienfait. Pour en rappeler le souvenir aux fidèles, M. Jean-Baptiste Pesme fit faire un tableau qui est dans le sanctuaire; il représente un prêtre célébrant la sainte messe; un ange retire une âme du purgatoire pour l'introduire au ciel. Deux autres anges tiennent une légende portant ces mots : Autel privilégié perpétuel pour les fidèles trépassés.

Ceci explique la piété vive de nos paroissiens pour leurs défunts.

Revenons à nos reliques.

IIIo Nous possédons encore le chef de sainte Flore, vierge; un os de sainte Syre, veuve; un os considérable du bras de saint Lupien, prêtre et martyr. Cette dernière relique est renfermée dans un reliquaire en bois ayant la forme d'un bras dont la main est à moitié fermée. Les deux autres reliques sont dans deux bustes en bois représentant les deux saintes.

Ces reliques, ainsi que celles que nous allons signaler au chapitre IV, nous viennent de l'abbaye de la Chapelle-aux-Planches, comme nous le verrons dans un instant.

IVo Dans un vaste reliquaire, que nous allons faire restaurer, nous possédons des reliques d'un prix immense. Il a fallu toute la piété persévérante de nos religieux de la Chapelle pour faire cette riche moisson.

Quarante-sept reliques différentes composent cette précieuse collection. On y voit, entr'autres, une parcelle du bois de la vraie Croix, une parcelle de la sainte éponge qui servit à mouiller les lèvres du Sauveur en croix, une petite pierre de la colonne à laquelle il fut attaché pour la flagellation ; puis des reliques de saint Pierre, de saint Paul, de quelques apôtres, de sainte Agathe, de saint Bénigne, de saint Hubert, de saint Lupien, etc....

Ces reliques furent transportées de l'abbaye dans notre église, comme va nous l'apprendre le procès-verbal suivant, que j'ai découvert dans ce reliquaire.

« Procès-verbal d'enlèvement des reliques de la Chapelle-aux-Planches pour les déposer en l'église paroissiale de Puellemontier.

« Cejourd'hui dix-sept avril mil sept cent quatre-vingt-onze, heure d'une après midi, nous Nicolas Corbet, maire, Nicolas-Jean-Baptiste Pesme, Jean Gouthière, tous deux officiers municipaux, assistés de Nicolas Corbeil, procureur de la commune, et de Joseph Lemoyne, greffier de la municipalité, lesquels formant le corps municipal de Puellemontier ; et encore le sieur Louis Bonnaire, prêtre-desservant de la paroisse dudit Puellemontier, officiant, assisté du clergé dudit Puellemontier, de la garde nationale dudit lieu et d'une foule de peuple ; nous nous sommes transportés en procession solennelle en l'église de la ci-devant abbaye de la Chapelle-aux-Planches, à l'effet d'enlever les reliques qui sont déposées en ladite église pour les transporter en l'église paroissiale dudit Puellemontier, suivant l'arrêté du Directoire du département de la Haute-Marne, en date du 23 mars 1791, qui permet aux administrateurs du district de Saint-Dizier d'en faire la délivrance aux fidèles dudit Puellemontier, en vertu de la demande que nous leur en avons faite. Lesquelles reliques nous ont été délivrées par M. Charles Ferrant, administrateur du directoire de Saint-Dizier et commissaire nommé à cet effet ;

« Savoir : premièrement un buste en bois représentant sainte Syre, renfermant un os d'elle et un de saint Thomas, apôtre, avec étiquettes. Ledit buste en bois argenté.

« Une main en bois renfermant des ossements de saint Lupien. Ladite main en bois argenté.

« Une petite châsse de bois argenté, renfermant des ossements sans étiquettes *.

« Un buste en bois représentant sainte Flore, renfermant une partie de son chef, avec étiquette. Ledit buste en bois argenté.

« Une châsse en bois argenté, renfermant plusieurs reliques de plusieurs Saints, avec étiquettes, comme de saint Cosme et saint Damien, de sainte Agathe, de saint Cyprien, de saint Crépin, de saint Hubert et beaucoup d'autres.

« Et avons présentement transporté lesdites reliques

---

* Cette petite châsse n'existe plus ; mais nous croyons que les ossements nous restent.

et reliquaires, ainsi que les portraits de saint Lupien, de sainte Syre et de sainte Flore, en l'église paroissiale dudit Puellemontier, et nous les avons déposées par le ministère du sieur Bonnaire, qui a signé avec nous les jour, mois et an susdits, et a aussi signé avec nous Claude Gauthier, marguillier en charge de la fabrique de Notre-Dame dudit Puellemontier. Lequel Gauthier a payé audit sieur Ferrant la somme de dix-huit livres. »

(Suivent les signatures).

Comme on le voit, c'est à notre abbaye que nous devons de posséder de si précieuses reliques.

SAINTS HONORÉS PARTICULIÈREMENT.

Nous allons maintenant tracer, comme corollaire, quelques lignes historiques sur quatre saints et saintes en grande vénération à Puellemontier et aux environs : sainte Syre, sainte Flore, saint Hubert et saint Lupien.

Sainte Syre. — Fête secondaire à Puellemontier; 8 juin.

On a confondu pendant longtemps cette sainte avec sainte Syre, de Meaux, vierge et sœur de saint Fiacre ; mais enfin les critiques ont reconnu qu'elles étaient deux personnes différentes. En effet, la sœur de saint Fiacre était née en Écosse et celle que nous honorons était champenoise. La première était de sang royal, la seconde était simple paysanne; l'une était vierge, l'autre avait été mariée et était devenue veuve ; celle-là était venue en France vers le milieu du v¹ᵉ siècle, celle-ci vivait à la fin du m¹ᵉ; la champenoise est honorée le 8 juin, et l'écossaise est honorée à Meaux le 28 octobre. Enfin celle que nous honorons était aveugle et les circonstances de sa vie ne conviennent qu'à une personne libre et non à une religieuse (en communauté).

On ne sait pas le lieu ni le temps précis où elle est née, mais on conjecture, et ce sentiment est assez vraisemblable, qu'elle a pris naissance vers l'an 220, dans la ville d'Arcis-sur-Aube ou dans le voisinage. Elle fut mariée à l'âge d'environ dix-huit ans, et, peu de temps après son mariage, elle devint aveugle par un accident inconnu. Vers le milieu du siècle, le christianisme fut prêché dans Troyes, et ses parents furent du nombre de ceux qui se soumirent à la foi de Jésus-Christ. Elle-même en fut instruite, et la lumière de l'Évangile la dédommagea de la perte de sa vue.

Saint Savinien avait souffert le martyre en 275 auprès de Rilly. Syre en eut connaissance, et elle apprit que plusieurs miracles s'étaient opérés par l'intercession de ce saint. Le champ où il était inhumé était devenu fameux. Syre, pleine de confiance aux mérites du glorieux martyr, se sentit embrasée de zèle et du désir de glorifier son saint corps. Elle pria plusieurs personnes de sa famille de la mener à Rilly, mais inutilement, personne ne voulut lui rendre ce service. Il ne se trouva qu'un jeune enfant de dix à douze ans qui se chargea de la conduire. La tradition du pays

assure qu'elle passa par le village des Grandes-Cha-
pelles, qui est sur la route qu'elle devait tenir en venant
d'Arcis ou des environs. On dit qu'elle se reposa sur la
hauteur d'où l'on descend à Rilly, et, pour conserver
la mémoire de cette station, on y a planté une croix
où tous les ans on porte la châsse de cette sainte en
procession.

Elle pria avec beaucoup de ferveur le saint martyr
de lui rendre l'usage de la vue, elle invoqua Jésus-
Christ par de saints gémissements. Arrivée au champ,
où elle sait être le trésor précieux qu'elle cherche,
sa prière est plus animée ; elle est exaucée, et recouvre
parfaitement la vue.

Au bruit de ce miracle, on accourt à Rilly des villes,
bourgs et villages voisins. Tous admirent la puissance
que Dieu communique à ses saints. Tous félicitent
cette veuve sur un événement aussi heureux. Pénétrée
de reconnaissance, elle fait découvrir le corps du
saint. Sur ses exhortations, on construit une chapelle
sur le lieu de sa sépulture et on lui érige un tombeau.
Syre se consacre au service de Dieu et à la garde de
ce tombeau. Son plaisir fut d'entretenir et d'orner
cette chapelle. Enfin elle y passa le reste de ses jours
dans les exercices de la vertu la plus pure, de la piété
la plus ardente et dans une mortification continuelle.
Elle devint l'objet de la vénération la plus profonde,
et les habitants des environs réclamèrent le secours
de ses prières dans les calamités.

On assure que lorsqu'elle vint à Rilly, cinq à six ans

après la mort de saint Savinien, elle était aveugle depuis quarante ans ; alors elle pouvait en avoir soixante. On pense qu'elle vint dans ce village en 280, qu'elle y resta environ huit ans et qu'elle mourut vers 288, à l'âge de soixante-huit ans.

Depuis ce temps, le village qui portait le nom de Saint-Savinien prit le nom de Sainte-Syre, qu'il porte encore aujourd'hui.

La multitude des miracles, opérés au tombeau de sainte Syre, a établi et perpétué son culte ; elle est réclamée pour obtenir la guérison de la gravelle, de la pierre et la colique néphrétique.

En 1604, on voyait encore dans la chapelle de cette sainte une inscription latine qui constatait qu'en 1539, Gaspard de Coligny, parent de l'amiral de ce nom, y avait été guéri miraculeusement de la pierre par l'intercession de notre vénérée sainte [*].

La fête de sainte Syre, à Puellemontier, donne lieu chaque année à un pèlerinage important, qui malheureusement est plus profane que religieux.

Sainte Flore. — Sous le règne d'Abdérame II, roi des Sarrasins en Espagne, Flore, née d'un père mahométan et d'une mère chrétienne, fut élevée secrètement dans la vraie religion. Son propre frère la cita devant le juge de la ville. Ce magistrat la fit battre de verges. On lui frappa la tête de tant de coups, qu'on

[*] Extrait de la *Topographie historique de la ville et du diocèse de Troyes*, par M. Courtalon, curé de Sainte-Savine-lès-Troyes.

lui découvrit le crâne en plusieurs endroits. On la mit ensuite entre les mains de son frère, pour qu'il la fît renoncer au christianisme. Elle trouva le moyen de s'échapper et de se retirer auprès d'une sœur à Ossaria.

Quelque temps après sa retraite, elle revint à Cordoue, où elle alla prier publiquement dans l'église du saint martyr Asiscle.

Elle y trouva Marie, sœur du diacre Valabonse, lequel avait reçu depuis peu la couronne du martyre. Ces deux vierges, remplies de zèle pour la foi, conviennent ensemble de se présenter elles-mêmes devant le juge. Elles furent renfermées dans un cachot obscur. Saint Euloge, qui alors était aussi en prison, leur envoya son *Exhortation au Martyre*. Le juge impie leur fit subir un nouvel interrogatoire et les condamna à perdre la tête. Cette atroce sentence fut exécutée le 24 novembre de l'année 851. C'est ce jour-là qu'on honore notre sainte, en célébrant sa fête.

(Extrait de la Vie des Saints, par Godescard).

Nous ignorons comment une partie du chef de sainte Flore fut donnée aux moines de la Chapelle-aux-Planches.

Saint Hubert. — Saint Hubert naquit en 656. Son père, Bertrand, duc d'Aquitaine, descendait en ligne directe de Clotaire, premier fils du roi Clovis. Hugberne, sa mère, était issue de la même souche. Étant à la cour de Pépin-d'Héristal, il épousa Floribane, fille du comte de Louvain. Quoiqu'il fût élevé dans les plus pures maximes du christianisme, il menait cependant une vie où le monde et ses vanités avaient plus de part que Jésus-Christ et la religion. Il aimait la chasse avec passion.

Un jour de fête solennelle, lorsque les fidèles s'assemblaient en foule dans les églises, lui, accompagné de ses gens et précédé d'une meute de chiens, s'en alla à la campagne pour y chasser; mais Notre Seigneur, qui en voulait faire un excellent chasseur des âmes, se servit de cette occasion pour lui toucher le cœur et le gagner entièrement à lui.

Pendant qu'il courait après son gibier, dans la forêt des Ardennes, l'image de Notre Seigneur crucifié lui apparut entre les bois d'un cerf. A cette vue, touché de la grâce, il se jeta au bas de son cheval pour adorer son Dieu et son Sauveur. Une voix lui fit entendre ces paroles : « Hubert, Hubert, jusqu'à quand la vaine « passion de la chasse te fera-t-elle négliger ton « salut? » Hubert, tremblant et confus, s'écrie : « Seigneur, que vous plaît-il que je fasse? Me voici « prêt à faire votre volonté. — Va, dit la voix, trouver « mon serviteur Lambert, il te dira ce que tu dois « faire. » A l'instant le cerf disparaît.

Saint Lambert, évêque de Maëstricht, le reçut avec une tendresse toute paternelle, et lui déclara qu'il ne devait plus vivre que pour Jésus-Christ, que telle était la volonté de Dieu. Il fit un pèlerinage à Rome. Pendant qu'il était dans la ville éternelle, le pape Serge Ier apprit le martyre de saint Lambert. Hubert, ordonné prêtre, fut désigné pour le remplacer. Le peuple reçut celui que Dieu lui envoyait avec une extrême joie.

Devenu évêque, il fut ce que devait être un homme choisi de Dieu d'une manière si éclatante. Il versait ses revenus dans le sein des pauvres. De toute part, on courait à ses instructions. Plein de vénération pour saint Lambert, il transféra, en 720, son corps de Maëstricht à Liége, et, l'année suivante, il transporta son siége épiscopal dans cette petite bourgade qui dut à cette circonstance de devenir une grande ville. Il y avait encore des païens dans la forêt des Ardennes ; saint Hubert brisa leurs idoles et les convertit. Il mourut en 727.

Un grand nombre de pèlerins visitent la châsse de saint Hubert. On l'invoque particulièrement contre la rage. Il s'est opéré des guérisons miraculeuses par son intercession. Saint Hubert est le patron des chasseurs. Sa fête arrive le 3 novembre [*].

Saint Lupien. — Nous n'avons rien trouvé sur ce saint, dans aucun martyrologe. Nous savons seulement que saint Lupien était prêtre, comme l'indique la chasuble que revêt sa statue. Il fut martyrisé et eut la tête tranchée ; son chef fut jeté dans la rivière,

[*] Extrait de la *Vie des Saints* du Père Giry, religieux de l'ordre des Minimes.

Chaque année, à Puellemontier, une messe de fondation, due à la famille de Meyronnet, est chantée à la dévotion de saint Hubert.

d'où un corbeau le retira en le saisissant par les cheveux. C'est ce que rappelle sa statue, qui le représente tenant sa tête dans ses mains et un corbeau est sur son bras, appuyant son bec sur la tête de notre saint.

Sa fête se célèbre le 1er mars, et on y vient des environs. Comme nous possédons un os de son bras, on l'expose à la vénération des fidèles pendant tout le mois de mars.

Le jour de la fête du saint, l'usage est de bénir de l'eau, dont les malades se servent en boisson et aussi pour laver leurs yeux. Cette vertu attribuée à notre saint, viendrait-elle de ce que ses yeux et sa bouche ont eu une puissance efficace sur l'eau par suite du contact de sa tête avec l'eau de la rivière, où elle fut jetée? Il nous est permis de le supposer, à défaut de renseignements exacts.

On prétend que saint Lupien aurait été martyrisé dans les bois de Puellemontier. Religieux dans le voisinage, il aurait, dit-on, été mis à mort par des bandits.

Nous donnons les détails ci-dessus sous toute réserve.

INSTITUTIONS PIEUSES.

Nous nous contenterons de mentionner ici les institutions de piété établies dans notre église.

I. En 1847, l'Archiconfrérie réparatrice fut érigée par Mgr Parisis, sur la demande de M. Didelot, alors curé de Puellemontier.

II. En 1848, eut lieu la fondation des 40 heures. Cette pieuse institution est due à la générosité de Mme la marquise de Meyronnet, née de Bienville.

III. Sur la demande de Mme la marquise de Meyronnet, née de Compiègne, Mgr Guerrin érigea, en 1858, le 18 novembre, la confrérie des Mères chrétiennes. Mme de Meyronnet en est présidente ; M. le curé de la paroisse en est directeur.

Les Mères chrétiennes unissent leurs prières pour attirer sur leurs enfants et sur leurs familles les bénédictions de Dieu.

IV. Depuis très-longtemps, il existe dans notre paroisse un usage pieux, établi pour le soulagement des âmes du purgatoire. Il consiste à chanter une messe, précédée des vigiles, tous les samedis depuis la Toussaint jusqu'à Pâques. La générosité des fidèles suffit pour la rétribution de ces nombreux services.

L'institution de ces services se rattache aux privilèges accordés par le pape Pie VI à notre maître-autel.

Terminons enfin ce long chapitre, consacré à notre église et à tout ce qui s'y rattache

Si nous nous sommes appesanti sur ce sujet, en entrant dans tant de détails, c'est que nous avons voulu instruire nos paroissiens sur tout ce qui concerne leur chère église. Notre conviction est que plus on connaît la maison de Dieu, plus on l'aime. Dès lors on vient plus souvent dans le saint lieu, on y prie avec plus d'ardeur, et, comme conséquence, la vie que l'on mène est plus honnête et plus chrétienne. L'église est l'école de l'ordre, de la sagesse et de la vertu; on en sort toujours meilleur qu'on y était entré. Le parfum qui s'exhale de nos chants, de nos prières et de nos cérémonies nous embaume et nous purifie.

Que nos chers paroissiens le comprennent et ne l'oublient jamais! *

———▷✶◁———

* Parmi les bienfaiteurs de notre église, nous croyons devoir signaler ici la famille de Meyronnet et les Messieurs Corbet de la ferme de Flassigny.

CHAPITRE VI
LE COLLÈGE

M. l'abbé Geoffroy. — Il fonde un collége; ses succès; professeurs
et élèves. — Distribution des prix. — Avantages dus au collége.
— Chute du collége et causes qui la déterminèrent. — Mort de
M. Geoffroy; son monument.

Notre commune eut l'honneur d'avoir un collége
qui, pendant une douzaine d'années, eut un certain
éclat et obtint une réputation légitimement acquise.
Comme cet établissement fut l'œuvre de M. l'abbé
Geoffroy, curé de Puellemontier, il importe, au début de
ce chapitre, de dire un mot de ce digne ecclésiastique.

Pierre Geoffroy naquit en 1798 à Chauffourt, village du canton de Montigny-le-Roi, arrondissement
de Langres. Comme il montrait dans sa jeunesse du
goût pour l'étude et de l'attrait pour le sacerdoce, il
fut envoyé au petit séminaire de son diocèse. Il y
marqua son passage, ainsi qu'au grand séminaire,
par des succès. Ordonné prêtre, il passa les premières
années de son ministère à Montier-en-Der, comme
vicaire, et, à Frampas, comme desservant.

Il fut nommé à la cure de Puellemontier vers la fin
de 1826; il avait alors vingt-huit ans. Il y exerça le
ministère pastoral jusqu'en 1839, époque à laquelle
il quitta sa cure pour s'occuper exclusivement de son

collége. Pendant ces treize années, il administra sa paroisse (et aussi pendant quelque temps celle de Droyes) avec tant de zèle, qu'il gagna les sympathies de tous ses paroissiens. Aujourd'hui encore, malgré les revers qu'il essuya dans son établissement, sa mémoire vit toujours et est partout vénérée.

Sans négliger sa paroisse, il aimait à donner des leçons aux jeunes gens qu'on lui confiait. Par suite de l'extrême bonté dont il entourait ses élèves, il vit leur nombre s'élever jusqu'à huit. Ses disciples venaient des meilleures maisons du voisinage ; c'est ainsi qu'il eut, à la même époque, les fils de Beaufort, de Compiègne, de Guitaud, Oudinot (fils du maréchal Oudinot et frère du général devenu célèbre par l'expédition de Rome en 1849). Pour loger ce noble essaim d'écoliers, il fit construire, dans la cure de Puellemontier, des petites cellules, qui existent encore.

Alors lui vint la pensée de fonder un vaste établissement d'instruction publique. Ses amis et bon nombre de personnes influentes l'engagèrent à réaliser ce projet qui lui souriait. Il voyait dans cette œuvre, et avec raison, beaucoup de bien à faire à la jeunesse. Il s'en ouvrit à M. de Meyronnet, maire de Puellemontier. La chose fut décidée. A cet effet, M. le marquis lui céda (à proximité du pays, en face et à une petite distance de l'église, près de la route qui relie Puellemontier à Droyes) un terrain propice d'environ un hectare. Les plans furent jetés pour les bâtiments, cours, potager et verger. Les ouvriers se mirent à l'œuvre et le collége s'éleva. Tout marchait bien, et les élèves se faisaient inscrire.

Ce fut alors que l'Université vint mettre un bâton dans la roue. Voyant dans l'œuvre de M. Geoffroy une institution rivale, elle lui chercha chicane. M. le curé de Puellemontier n'avait pas, à la fin de ses études, jugé à propos de se faire recevoir bachelier. Or aux yeux de l'Université, nul mortel ne peut, serait-il le plus savant du monde, enseigner publiquement s'il n'est préalablement nanti d'un parchemin, que les universitaires appellent pompeusement diplôme et que les malins qualifient de peau d'âne. Il lui fallait un titre académique, pour être autorisé à ouvrir son établissement. Il lui fallait, enfin, paraître devant des juges compétents qui, sur ses réponses satisfaisantes, lui diraient sur le ton de Molière : *Dignus es intrare in nostro docto corpore!...*

L'abbé Geoffroy n'était pas homme à reculer pour si peu. Comme un jeune rhétoricien, il prit ses livres et se mit à étudier. Peu après, il subissait son examen, obtenait le diplôme obligatoire et pouvait enseigner librement.

Tant que son collége exista, il fut secondé par des hommes, comme lui, actifs et intelligents. C'est ainsi qu'on vit toujours à ses côtés MM. Vautrain, Roussel, Rigollot, et passer successivement MM. Balland, Desmot, etc....

* M. Vautrain est mort curé de Bailly (Aube); ce digne ecclé-

Sous cette habile direction, le collége eut des succès. On y compta pour un temps près de 60 élèves.
Sans avoir un costume régulier, la tenue des collé-
giens était satisfaisante. Des religieuses avaient soin
de leur linge et de leurs vêtements. L'établissement
était placé avantageusement sur les confins de trois
départements et à proximité de Montier-en-der, sillonné
de belles routes. Puellemontier offrait d'excellentes
ressources pour l'alimentation, et d'agréables bosquets
pour les promenades. Les élèves s'y plaisaient et ils
étaient aimés des habitants. C'était plaisir de les voir,
musique en tête, sur deux rangs, traverser le pays en
allant à la promenade. Parfois, quelques-uns se déta-
chaient du groupe et demandaient poliment dans les
maisons pour un sou de lait frais ; on leur en donnait
pour deux sous et gratuitement. Ceux qui donnaient
étaient aussi contents que ceux qui recevaient.

Ce qui plaisait surtout à voir dans cette maison,
c'était cette familiarité, cette amabilité, néanmoins
toujours respectueuse, entre les maîtres et les élèves.
C'est ce qu'on remarque également dans le collége

siastique a écrit quelques petits ouvrages de piété très-estimés.
Il fonda à Bailly une maison des Missionnaires-de-la-Croix, pour
prêcher dans les campagnes. Cette institution échoua, après la
mort du pieux fondateur, qui mourut au moment de se rendre à
Rome et à Jérusalem. La maison sert de presbytère aujourd'hui.
Il y a deux ans, les amis nombreux de M. l'abbé Vautrain firent
ériger, à sa mémoire, un monument sur sa tombe. — M. Roussel
est curé d'Arbot, canton d'Auberive ; M. Rigollot est mort professeur au petit séminaire de Langres, où professe actuellement
M. Balland ; M. Desmot est curé de Joinville.

catholique de Saint-Dizier. Cet échange de sympathie
produit toujours de bons résultats dans une maison
d'éducation. L'élève comprend, à ces procédés loua-
bles, qu'il est un enfant de la maison et non un
étranger. Alors il s'attache à ses maîtres et s'efforce
de les contenter.

Mais c'était surtout aux beaux jours de la distribution des prix du collège, que notre village prenait
un air de grande fête. On mettait ses habits du dimanche et chacun attendait gaîment, qui un parent,
qui un ami du voisinage. Puellemontier offrait l'aspect
d'une bourgade. On y voyait affluer les équipages, les
voitures renfermant du monde de toutes les classes :
ecclésiastiques, nobles, bourgeois, cultivateurs et ouvriers. Le collège était comme une place prise d'as-
saut; chacun s'y installait comme chez lui.

Chaque année, un personnage de distinction pré-
sidait ces assises de la sagesse, de la science et du
travail. On y voyait souvent, et toujours avec bonheur, l'aimable évêque de Châlons, Mgr de Prilly.
M. Fèvre, curé de Brienne-Napoléon, aimait aussi à y
figurer. M. Barillot, le vénérable et spirituel vicaire-
général de notre diocèse, y vint une fois, à la grande
joie de tous. Une année on eut la bonne fortune
d'avoir pour président M. l'abbé Darboy, qui prononça
un discours tel, qu'aujourd'hui devenu archevêque de
Paris, il ne le renierait pas. Comme on applaudissait
alors au triomphe des vainqueurs! et quelle bonne
musique on faisait! On partait ensuite joyeusement

en vacances, et on revenait de même au collége pour se retremper dans l'étude.

Comme on le pense bien, le collége exerça une heureuse influence sur notre village. Outre les leçons de civilisation et de savoir-vivre qu'en retiraient généralement les habitants, plusieurs personnes en particulier durent à leur collége d'arriver à des positions sociales honorables. C'est en effet à notre collége que nous devons plusieurs vocations, dont nous allons parler.

Trois jeunes gens de Puellemontier, ayant terminé leur philosophie au collége de leur pays natal, allèrent au grand séminaire, deux à Langres et un à Troyes. Tous trois sont d'excellents prêtres; ce sont : MM. Antoine Pesme, curé à Valcourt; Augustin Gouthière (doué d'une si belle et si puissante voix), curé à Parnot; Auguste Gouthière (cousin du précédent), curé à Thil (Aube). Un quatrième, Gustave Gouthière, frère de M. le curé de Parnot, mourut étudiant en théologie à Troyes, au grand regret de ses maîtres et de ses condisciples dont il était aimé.

Trois autres enfants du pays, sortis du collége également, devinrent instituteurs; ce sont MM. Charles Gouthière, instituteur à Plaurupt; Alexis Gouthière (aujourd'hui commis aux forges du Buisson, à Louvemont); Etienne Dany, instituteur à Lassicourt. (Aube).

Six jeunes filles, sous la pieuse direction de M. Geoffroy et de M. Vautrain, prirent le voile, et toutes sont encore aujourd'hui d'ardentes religieuses. Quatre appartiennent aux Célestines de Provins; une aux Ursulines de Troyes et une, religieuse de Sion, est actuellement à Jérusalem.

Nous aurions pu également compter le courageux abbé Dorez, parmi ces fleurs écloses dans notre collége, car il y allait comme enfant de chœur. C'est sans doute là qu'il reçut le germe de cette héroïque vocation qui devait, plus tard, le porter vers les Missions étrangères. Mais, on le sait, la mort le moissonna pour le Ciel, alors qu'il n'était encore qu'aspirant.

Un sixième abbé, quoique né à Ceffonds, fut élevé près de ses parents de Puellemontier et placé dans notre collége. Il alla ensuite au grand séminaire de Châlons. Il est curé dans ce diocèse, à Marolles, près Vitry-le-François. C'est M. l'abbé Charles de Brienne.

Tels furent les résultats du collége pour notre pays, sans parler des nombreux services quotidiens, rendus à la paroisse par les directeurs et les professeurs, soit pour les confessions, soit pour les instructions et les cérémonies du culte divin.

Quant aux services rendus à la société, on en comprendra l'importance et l'étendue, en se rappelant que c'était un collége catholique, dirigé par de pieux et savants prêtres.

Mais ce cher collége, la gloire de notre village pendant douze ans, devait tomber! Tout devait disparaître de ce grand établissement! Le souvenir de son passage bienfaisant reste seul debout, et il ne périra jamais!

On sait comment finit cette institution.... Impossible
de faire clairer la lampe, quand l'huile manque. Cette
triviale comparaison nous donne le mot de l'énigme.
Le collége de Puellemontier tomba donc à défaut de
finances.... ou, disons le mot, d'argent. Eh! mon Dieu!
que de sociétés croulent journellement par le même
défaut!

M. Geoffroy devait et n'avait pas d'argent. On voulut
être payé, et pour y arriver, on ne recula pas devant
les moyens extrêmes. En voyant son œuvre de prédi-
lection menacée de ruine, cette œuvre pour laquelle
il avait sacrifié ses économies et même son patrimoine,
le chagrin s'empara de M. Geoffroy et il mourut.

M. l'abbé Geoffroy fut victime de sa bonté. Il était,
disons-le hardiment, trop délicat, trop honnête pour
certaines personnes qui ne l'étaient pas assez. Bon et
charitable à l'excès, il nourrissait non-seulement les
élèves très-copieusement, mais il hébergeait presque
quotidiennement les parents qui venaient voir leurs
enfants, et même il faisait nourrir les chevaux qui
traînaient les chars des importuns visiteurs. Dans la
crainte de gêner, il n'osait demander l'argent de la
pension; il n'exigeait même aucun billet de reconnaissance pour ce qu'on lui devait. Un jour, une personne bien posée lui en fit l'observation; « Mais, répondit l'abbé Geoffroy, ils savent bien qu'ils me doivent. » Hélas, oui! Quelques-uns le savent encore!....

L'indélicatesse de certains parents.... voilà une des
causes principales de la chute de notre collége.

Une autre cause, c'était la manie, commune à bien des maisons d'éducation, de faire des réductions de prix pour grossir le nombre des élèves. Cela peut se faire pour de bons sujets, sans fortune, et dans des établissements bien fondés. Ce système existe dans les lycées, mais alors le gouvernement a soin de graisser la bourse.... Or, M. Geoffroy n'avait pas ce soutien.

Il existe encore d'autres causes, que nous allons énumérer rapidement.

Au début, M. Geoffroy comptait parmi ses élèves plusieurs fils de familles nobles. Plus tard, ces jeunes gens se trouvèrent en contact avec des enfants de la campagne sans grande éducation. Les premiers alors se retirèrent insensiblement, et, avec eux, les bonnes pensions et les cadeaux disparurent également.

Pour remplir ces vides, M. Geoffroy voyageait, afin de recruter des pensionnaires. Il allait souvent chez ses confrères voisins, tous dévoués à son œuvre. La discipline, la surveillance, tout souffrait alors dans le collége, pendant les absences du supérieur. Il n'y a rien d'aussi vigilant que l'œil du maître!...

A ces causes que nous venons de signaler, ajoutons-en une d'un ordre supérieur. L'œuvre de M. Geoffroy ne fut pas appuyée par l'autorité diocésaine. Mgr Parisis, d'illustre mémoire, alors évêque de Langres, voyait dans l'établissement de Puellemontier un obstacle aux progrès du collége catholique de Saint-Dizier. De là l'indifférence du savant et vénérable prélat à l'égard de notre maison.

Aussi, à peine notre collége fut-il tombé, que celui de Saint-Dizier prit un développement qui va aujourd'hui sans cesse grandissant, à la grande satisfaction des amis de l'enseignement catholique.

Telles furent les causes incontestables de la chute de notre regretté collége.

Nous avons dit, plus haut, que M. Geoffroy mourut de chagrin à la vue de son œuvre frappée de mort. Il succomba vers la fin de l'année 1850, à l'âge de cinquante-trois ans.

Un an après, son collége fut démoli et les matériaux vendus et dispersés. Le corps de bâtiment, réduit d'un étage, est à Jagée (écart de Ceffonds); le bâtiment, qui servait de chapelle, est à Puellemontier, et forme le corps de logis de M. Corbet-Guyot, etc.

Quelques jours après la mort de M. Geoffroy, une souscription fut ouverte pour lui ériger un monument. Les paroisses de Puellemontier et de Droyes, la famille du défunt, ayant à sa tête son frère, M. Geoffroy-Lebon, docteur en médecine à Montier-en-Der; les professeurs et élèves de son collége; enfin, ses nombreux amis, donnèrent généreusement. Avec la somme d'environ 1,000 francs, résultat de la souscription, on érigea à sa mémoire un superbe monument, placé devant notre église, à l'endroit même où ses restes mortels furent déposés.

Ceux qui viennent prier sur la tombe de cet homme de bien, de ce prêtre dévoué, n'ont qu'à jeter leurs regards du côté du soleil couchant. Ils découvriront l'emplacement de son collége.

Aujourd'hui, c'est un vaste enclos, cultivé d'un bout à l'autre. La charrue remue donc chaque année ce sol classique où grandissait, il y a quelques années, une jeunesse intelligente et studieuse. Le voyageur, qui passe près de cet endroit silencieux, n'entend plus guère que le chant des oiseaux sous la feuillée, là où, autrefois, on entendait réciter les vers de Virgile, les discours de Cicéron et de Démosthène, et les oraisons funèbres de Bossuet.

CHAPITRE VII

LE CHATEAU

Les Seigneurs de Hault. — De Beurville. — De Bienville. —
De Meyronnet.

Détournons vite notre attention loin des ruines de
notre collége, et reportons-la vers une autre maison,
dont la longue existence est toujours de plus en plus
prospère.

Nous allons, dans ce chapitre, nous occuper du
château, qui embellit notre village ; nous en tracerons
très-sommairement l'histoire.

Un château, dans un village, est généralement un
complément très-désirable et fort avantageux. Au nom
des pauvres et dans l'intérêt des classes ouvrières,
nous disons qu'il est bon de rencontrer çà et là de
vastes domaines, pour arrêter, dans des limites raison-
nables, le trop grand morcellement de la propriété.

Toute commune rurale, qui possède au moins une
vaste propriété, couronnée d'un château dignement
habité, y trouvera toujours un élément de bien-être,
de moralisation et de vertu.

En effet, le château est pour le village comme une
fontaine publique, où tous les habitants viennent pui-
ser : les ouvriers d'états divers y trouvent le travail, le
journalier l'occupation quotidienne, l'indigent le se-

8

cours, le malade le remède, l'homme embarrassé dans une affaire épineuse le conseil, enfin l'opprimé un appui pour le soutien de sa cause. Pour représenter et défendre les besoins et les intérêts généraux de la localité, le châtelain est toujours un intelligent et puissant interprète.

Sous le rapport matériel, les serviteurs, les commis, les gardes, etc., trouvent au château leur gagne-pain ; les commerçants y vendent largement leurs marchandises ; aussi peut-on dire avec vérité que plus la bourse du seigneur du village se vide, plus la bourse du peuple qui l'entoure se remplit, et alors la fortune du château fait la fortune de tous.

Sous le rapport religieux, un bon château donne à toute une population des exemples qui font autorité. La vertu a beaucoup d'ascendant sur les masses, quand elle vient de haut lieu.

Sous le rapport social, quel beau et louable rapprochement dans ces charitables rencontres entre les pieuses châtelaines et les simples villageoises! La charité en est toujours le mobile. Tantôt ce sont des bas moelleux et des bonnets de laine, tricotés par ces dames du château, qu'on va distribuer aux enfants des modestes ouvriers ; un autre jour ce sont de belles vestes et de solides pantalons pour les garçons, des jupes et des robes pour les jeunes filles....

Voilà les vrais rapports sociaux et chrétiens tels que l'Eglise les a établis entre le riche et le pauvre, entre le château et la chaumière.

Les voilà aussi tels que nos yeux de prêtre les ont vus si souvent dans la société chrétienne....

Après ces considérations, applicables à tout château en général, traçons l'histoire de nos châtelains en particulier.

LES SEIGNEURS DE HAULT.

Le château de Puellemontier remonte au XVIᵉ siècle. Il fut primitivement habité par les seigneurs de Hault, dont les rares manuscrits parlent peu.

La pièce la plus ancienne, qui nous soit tombée sous la main, remonte à près de trois siècles et constate déjà l'existence de la seigneurie de notre village. Cette pièce est datée de 1575. Elle rappelle qu'il y eut alors une transaction importante relative à un échange fait entre les religieux de Montier-en-Der et le seigneur de Puellemontier, Louis de Hault. Cette transaction concernait le fief de Puellemontier, Hamtel, Laborde, Gervillers, avec leurs dépendances. On y voit la nomenclature très-détaillée de tous les droits seigneuriaux qui étaient l'objet de cet échange. Nous allons citer quels étaient ces droits, pour la connaissance des personnes qui les ignorent, et dire au juste en quoi consistaient ces droits seigneuriaux.

En voici la nomenclature :

1o Mairie ; 2o greffe ; 3o gros et menus exploits ; 4o confiscations ; 5o épaves ; 6o aubaines ; 7o amendes arbitraires ; 8o lots et ventes ; 9o droit de retenue pour les héritages censables; 10o taille de 12 sols tournois par an ; 11o droit de main-morte à défaut de

paiement desdits 12 sols tournois ; 12º droit de qua-
train ; 13º pacage des porcs ; 14º droit de gruerie ;
15º droit de banvin ; 16º censives dues sur les héritages ; 17º défauts ; 18º amendes ; 19º les émoluments
de la justice haute, moyenne et basse ; 20º enfin,
droits sur la rivière qui traverse le finage de la seigneurie, sans que qui que ce soit puisse bâtir un
moulin sur cette partie de la rivière, ni construire un
moulin à vent sur la terre sans le consentement du
seigneur du lieu, ni dériver ni retenir en aucune manière le cours de ses eaux.

Les droits seigneuriaux renfermaient tout ce que
nous venons d'énumérer.

Donc le 18 mai 1575, il y eut aliénation des biens
de Puellemontier, Gervillers, Laborde, par suite de
l'échange fait entre Louis de Lorraine II, archevêque
de Reims, quatrième abbé commandataire de l'abbaye
de Montier-en-Der, et Louis de Hault, écuyer, commissaire ordinaire des guerres, par lequel échange
ledit abbé, par le ministère des commissaires du Saint-
Siége et aussi du roi Henri III, donne audit de Hault
la seigneurie desdits lieux avec les droits en dépen-
dant et détaillés ci-dessus ; en contre échange des-
quels ledit de Hault donne audit abbé :

I. La moitié du fief du Petit-Ham (consistant en
36 journaux de terres labourables), soit 18 journaux.

II. Un gagnage de............ 27 journaux 1/4.

III. Un autre gagnage de....... 45 journaux.

Faisant un total de........ 90 journaux 1/4.

Le tout estimé 150 francs de revenus annuels!!

IV. Une mieux value, une fois payée, de 3,000 fr.

Telle est l'origine de l'importante seigneurie de Puellemontier.

Quarante-cinq ans après cette transaction, vers 1620, notre château avait pour seigneur Réné de Hault, écuyer *. Ces de Hault étaient nombreux, car à cette époque nous en voyons un, Nicolas de Hault, seigneur de Lignol (Aube); également une femme, Jeanne de Hault, veuve d'un écuyer. Nous trouvons, sur les mêmes parchemins, le nom de Marguerite de Hault, épouse de Pierre de Beurville, écuyer et gentilhomme ordinaire du roi. Ce dernier était beau-frère du seigneur de Puellemontier et avait dans notre village, vers 1620, une terre achetée, pendant les guerres de la réforme, aux religieux de Montier-en-Der.

Mais si M. de Hault avait des terres, il avait peu d'argent dans sa bourse, car nous voyons qu'en 1622, n'ayant pas payé ses tailles (impôts), montant à la somme de 150 livres, il vit son domaine saisi de par le roi et mis en vente. Le procureur fiscal était Nicolas Pillet, demeurant à Droyes. L'affiche de la vente fut apposée aux murs du palais royal (de justice) de Chaumont, et la vente eut lieu.

Pierre de Beurville acheta le domaine pour la somme de 5,250 livres, somme assez énorme pour l'époque.

Le château alors consistait en un grand corps de

---

* Ce seigneur, originaire de Sommevoire par ses ancêtres, donna une pièce de vigne à l'hôpital de ce bourg, en 1619.

logis. avec portail pour levis, colombier à pied, grange, étables, cours, jardins entourés de fossés, parc et terres assez nombreuses.

A partir de cette époque, il n'est plus question de Réné de Hault, et Puellemontier eut pour seigneur Pierre de Beurville, son beau-frère.

En 1623 nous le voyons, avec son épouse Marguerite de Hault, se rendre devant Henri II de Lorraine, alors abbé commandataire de Montier-en-Der, pour lui rendre foi et hommage et lui prêter serment de fidélité, parce que les biens, dont il était seigneur, se trouvaient sous la haute main de l'abbaye du Der.

Vingt ans plus tard, en 1643, nous voyons un arrêt du parlement, et signé Louis de Beurville, au sujet des droits du seigneur de Puellemontier sur le cours d'eau du pays, afin de maintenir les priviléges de haut-justicier dont il jouissait et interdire la pêche à ceux qui y allaient le jour et la nuit. En cette même année, Louis de Beurville fit restaurer et compléter son château, comme on le voit par le chiffre d'inscription de 1643, placé au-dessus de la façade du pavillon du côté du midi. Au bas du millésime, sur une large pierre, ses armes étaient représentées ; mais elles furent mutilées pendant la révolution.

En 1649, nous trouvons un bail pour les moulins le Hutin et de Gervillers. Ce dernier moulin avait été bâti par un nommé Pigeot, avec la permission des religieux du Der, qui étaient propriétaires de ce cours d'eau. Pigeot, en retour, devait leur payer une rente annuelle de 39 livres. Il le fit, pendant quatorze ans, lui et son successeur Clément. Ensuite ce moulin fit partie de la seigneurie de Puellemontier. Après avoir longtemps existé, ce moulin fut détruit, au commencement de ce siècle, et M. de Bienville, alors seigneur de Puellemontier, en fit transporter la roue dans son moulin de Lutin, qui depuis lors eut plus d'importance.

Vers 1661, il y eut un projet d'accommodement et de transaction entre les religieux du Der et M. de Beurville, au sujet de la seigneurie de Puellemontier, Gervillers et Laborde. Sans doute que les religieux n'y cédèrent pas tous leurs droits, car plus tard, en 1688, le 11 août, nous voyons qu'il y eut un nouvel accommodement et cession complète de la justice de Puellemontier et d'autres droits en général sur tout le finage par MM. les religieux du Der.

Comme le lecteur le remarque, il fallut un siècle aux seigneurs de notre village pour jouir complètement de tous les droits de leur seigneurie, droits que les religieux du Der ne cédèrent que bien lentement.

A cette époque, les communications entre les habitants de Puellemontier étaient fort difficiles, les chemins étant dans un état pitoyable. Ce qui le prouve, c'est une lettre écrite en 1663, par le meunier du moulin de Lutin, à Mme de Beurville, douairière, pour la prier de lui permettre de voguer sur la rivière de

Voire avec une nacelle, afin d'aller chercher le blé et conduire la farine dans les maisons. Son devancier, ajoute-t-il, avait eu cette permission.

Après Pierre et Louis de Beurville, nous voyons figurer, vers 1680, un autre seigneur de ce nom ; c'est François Guichard de Beurville, gentilhomme ordinaire de la maison du roi et époux de Marie-Jeanne Le Corgne.

En 1680, le 1er juin, il eut une fille qui eut pour nom Elisabeth ; deux ans après, le 9 octobre 1682, une autre fille naquit et fut appelée Marie-Henriette.

Un autre seigneur nous apparaît, Joseph de Thomassin, dont l'épouse est Madeleine Pesme. Le 29 juin 1686, leur fille Marie de Thomassin épouse Pierre de Maisoux, fils de De Maisoux (Michel) et de Marguerite Phlisot.

Tels sont les noms qui nous sont restés du xviie siècle. Au commencement du xviiie, vers 1710, le château de Puellemontier a pour seigneur Louis-Jean de Beurville, marié à Anne-Thérèse de Poivresson.

C'est à eux et à leurs successeurs que les habitants de Droyes adressèrent annuellement, pendant 50 ans environ, une supplique pour leur demander la permission de jeter un pont volant sur la Voire, afin de pouvoir aller dans la prairie enlever le foin. Dans ces lettres, M. de Beurville est désigné, de 1710 jusqu'en 1720, comme étant capitaine du roi dans l'infanterie. Il prit ensuite sa retraite et se retira dans son château.

Ce fut vers cette époque que le grand corps de bâ-

timent du château, dont la double façade donne au
levant et au couchant, fut construit. Un écusson, donnant sur la cour, figurait les armes de la famille de
Beurville. La révolution, qui ne respectait rien, les fit
disparaître.

Louis-Jean de Beurville eut, de son mariage avec
Thérèse de Poivresson, d'abord une fille, Marie-Anne-
Adrienne de Beurville, qui épousa, le 11 août 1738,
Jean-Baptiste-Maurice de Thomassin de Bienville, fils
de Nicolas de Thomassin de Bienville et de Marie-Anne
du Parre.

Leur seconde fille, Anne-Louise-Françoise de Beurville, épousa, le 26 janvier 1756 (18 ans après le
mariage de sa sœur), Charles de Cointet, fils de Em-
manuel-Lucien de Fillain de Cointet et de Marie-Anne
Baradin de Perchey.

Un troisième enfant fut un garçon, qui resta célibataire et habita le château.

Nous trouvons également dans nos registres l'acte
d'un mariage célébré le 23 mai 1768 à Puellemontier
et dont les noms sont nouveaux. La mariée était
peut-être parente du seigneur du lieu et habitait en
son château. Il s'agit d'un mariage entre Louis-Marie
de Noël, seigneur de Buschère, fils de François de
Noël et de Marie-Madeleine de Bilcault avec Elisabeth
de Pancy de Morsot, fille de Lazare de Morsot et de
Gabrielle Gouault.

Nous n'avons rien trouvé pour éclaircir l'origine de
cette double lignée et sa parenté avec nos châtelains.

SEIGNEURS DE BIENVILLE.

Vers 1775 notre château est habité par un nouveau seigneur. C'est un membre de la famille de Bienville, qui l'obtient en héritage, après la mort du dernier seigneur de Beurville, resté célibataire *.

Louis-Jean-François-Adrien de Thomassin, comte de Bienville **, lieutenant-colonel de cavalerie, épousa, vers 1772, Marie-Éléonore Valburge Irénée de Ferrette. Après leur mariage, ils vinrent habiter notre château. Ils émigrèrent pendant la révolution, et rentrèrent en France après les mauvais jours.

Deux filles naquirent de ce mariage. La première, Françoise de Bienville, mariée plus tard à M. de Monthureux, et qui habita Saint-Dizier ; la seconde, qui épousa un noble, né dans le midi de la France, l'emmena dans le château de Puellemontier et donna ainsi à notre pays un nouveau châtelain dont nous allons parler.

FAMILLE DE MEYRONNET.

Le 8 juillet 1801, Paul-Alphonse-Jean-Baptiste, marquis de Meyronnet, fils de Paul-Joseph de Mey-

---

* Les cendres des seigneurs de Beurville reposent sous le marbre noir, qui occupe le milieu du pavage de la chapelle du château, dans l'église paroissiale. Ces seigneurs tirent leur origine du bourg de Sommevoire. Outre leur domaine de Puellemontier, ils possédaient une terre à Longeville, et à Droyes les fermes du Rupt-de-Chevry et du Jard.

** Le berceau de cette famille est Bienville, aux environs de la ville de Saint-Dizier, ronnet et de Dorothée-Thérèse de Bruny d'Entrecastaux, épousa Marie-Antoinette-Adrienne de Thomassin de Bienville.

Pendant 49 ans maire de notre commune, il fut, comme nous l'avons vu plus haut, le formateur de notre village.

Tout en s'occupant de Puellemontier, il augmentait en même temps son domaine et embellissait son château. Vers 1815, il acheta à l'Etat la forêt de la Chapelle-aux-Planches, qui appartenait aux moines et qui, pendant la révolution, avait été vendue comme bien national. En 1836, il fit construire le pavillon du château (dit pavillon de la bibliothèque), et entassa dans ce bel appartement, consacré à la science et aux lettres, une grande quantité d'ouvrages remarquables, que ses descendants ont soin d'augmenter.

Il eut deux enfants. D'abord une fille, née en 1802, Pauline-Adrienne, qui épousa en 1848, le 7 octobre, Achille - Charles - Auguste Pechpeyrou Comminges, comte de Guitaud. Elle habite le château de Souhayes, près Semur (Côte-d'Or).

L'autre enfant naquit en 1804 et fut appelé Alphonse-Antoine-Jean, comte de Meyronnet. Ses études terminées, il entra à l'école Saint-Cyr. Il en sortit officier dans les carabiniers. En 1830, il était lieutenant quand la révolution éclata. Peu partisan du gouvernement nouveau, il déposa son épée et rentra dans la vie civile. Il épousa, en 1832, Léopoldine-Louise Dupont de Compiègne. Après la mort de son père, en

1855, il le remplaça comme maire de la commune, et, sept ans après, en 1862, il le rejoignit dans la tombe.

Ils eurent deux fils : Alphonse-Louis-Georges, né le 24 mai 1833, et Ludovic-Paul-Victor, né le 14 juillet 1834. Ce dernier, qui serait devenu un marin célèbre, mourut à la fleur de l'âge, dans sa 17ᵉ année, le 21 janvier 1851, à Rio-de-Janeiro, peu après son débarquement sur la terre lointaine de l'Amérique.

Son frère aîné, après ses études achevées, entra dans la diplomatie. Il passa dix ans dans les ambassades de Suisse, de Naples, de Russie et d'Autriche. Après la mort de son père, en 1862, il quitta cette carrière pour recueillir le beau domaine et le titre de marquis que lui léguait son père. Il lui succéda comme maire de Puellemontier. Plus tard, en 1865, après le décès de M. le docteur des Etangs, maire de Ceffonds, il fut nommé lieutenant de louveterie, et, quelques mois après, conseiller d'arrondissement. Il épousa, en 1864, le 29 juin, Gabrielle-Laure du Quesne. De ce mariage naquirent : Marie-Thérèse-Clotilde, le 28 août 1865 ; et le 1ᵉʳ décembre 1866, une seconde fille, nommée Louise-Marie-Thérèse.

M. le marquis de Meyronnet est actuellement le seul représentant de cette ancienne et noble famille qui, dans ces derniers siècles, donna plusieurs hommes distingués à la magistrature et à l'armée.

Son grand-père n'avait qu'un frère, M. Balthazar, comte de Meyronnet (issus l'un et l'autre de la branche de Châteauneuf), lieutenant-colonel de cavalerie, qui laissa deux filles : l'une fut mariée à M. le marquis de Compiègne ; l'autre épousa le marquis de Gourgues ; toutes deux sont veuves.

Une autre branche de Meyronnet, dite de St-Marc, n'avait plus qu'un représentant, qui est mort l'année dernière sans postérité.

Voici le résumé de ce que divers journaux de France ont dit de ce dernier rejeton des de Meyronnet-Saint-Marc, en annonçant sa mort :

« M. Philippe-Louis de Meyronnet, baron de Saint-Marc, vient de mourir à l'âge de 86 ans. Il était né à Aix, le 24 décembre 1780. Il fut substitut en 1811, avocat-général à la cour impériale d'Aix en 1814, procureur-général à la cour royale de Besançon en 1816, secrétaire-général du ministère de la justice et conseiller d'Etat en 1828, conseiller à la cour de cassation en 1829, commandeur de l'ordre de la Légion-d'honneur. Il habitait en Provence, aux environs d'Aix, le château de Saint-Marc, siége du fief érigé en baronnie en faveur de ses ascendants.

« Sa famille, distinguée dans la noblesse avignonnaise et provençale, alliée aux Piolenc, Cabanes, Clapiers (Vauvenargues), Faurès de St-Vincent, etc., a fourni des officiers de terre et de mer et des conseillers au parlement d'Aix *.

---

* On voit, au château de Puellemontier, les portraits de ces hommes distingués.

« Ce beau nom s'éteindrait avec lui, si la branche
de Châteauneuf, transplantée en Champagne, n'y était
encore représentée à Puellemontier, près de Montier-
en-Der (Haute-Marne), par M. le marquis de Meyronnet. »

CHAPITRE VIII

Statistique sur Puellemontier [*]

Ne terminons pas cette notice sans dresser une sorte de statistique sur notre commune. Cette méthode est à l'ordre du jour, et on doit y applaudir. C'est, en effet, un excellent moyen pour faire connaître la richesse d'un pays.

Etendue du territoire. — Le territoire de Puellemontier comporte une longueur d'environ huit kilomètres sur six en largeur. Il renferme 1,646 hectares; environ 5,000 journaux. Ce chiffre est ainsi réparti :

Terres labourables et prairies artificielles. .	580h
Prés naturels, pâturages et pacages.	260h
Vignes (presque nulles).	1h
Bois	580h
Jardins et vergers.	12h
Autres superficies cultivées ou cultivables. .	35h
Superficies occupées par les maisons.	75h
Eaux (rivières, étangs).	103h
TOTAL.	1,646h

[*] Nous devons une partie des renseignements qui composent ce chapitre à l'obligeance de MM. Jules Duchesne, instituteur, et Martinet, garde champêtre à Puellemontier. Nous leur en témoignons ici toute notre reconnaissance.

Nature du terrain. — Nos terrains appartiennent aux groupes jurassique supérieur, crétacé inférieur et alluvien. Le sol est formé d'un terrain d'alluvion, généralement composé d'une couche plus ou moins épaisse de gravier. L'étude du terrain fait voir que les matériaux qui le constituent ont été amenés par la Voire, la Héronne et les ruisseaux torrentiels qui viennent des pays plus élevés. L'action des eaux du déluge est particulièrement visible dans nos contrées. Cette alluvion, qui en provient, si elle était étudiée avec attention, offrirait quelqu'intérêt et donnerait lieu à de curieuses découvertes, comme doit le faire penser cette dent d'éléphant trouvée, dans ce terrain, au hameau de Jagée et qui n'a pu être transportée dans notre pays que par les grandes eaux du déluge universel.

Richesse du sol. — Le sol est riche et fertile ; il produit du bon foin et de l'excellent blé. Notre pays est, avec Thilleux, la graisse de la terre dans notre canton si productif. Nos farines sont estimées aux halles de Paris et cotées aussi avantageusement que celles du Bassigny.

Comme preuve de la fertilité de notre sol, citons quel a été le produit de l'année 1865, qui fut une bonne année, comme on le sait.

On sema à Puellemontier 244 hectares de blé d'hiver et d'été (environ 700 journaux). Le produit moyen par hectare fut de 23 hectolitres ou 115 doubles décalitres (c'est-à-dire environ 40 doubles par journal). Le produit total en blé fut de 5,670 hectolitres (c'est-à-dire 28,350 doubles). Le poids moyen de l'hectolitre fut de 76 kilog. Aussi combien on en vendit à Vitry et à Montier-en-Der de ce blé !

On sema 233 hectares en avoine. Le produit par hectare fut de 21 hectolitres. Le produit total fut de 4,710 hectolitres. Le poids de l'hectolitre fut de 47 kilog.

On avouera qu'il y avait de quoi rendre pendant toute l'année tous les chevaux fourbus !

Pour labourer ce sol, Puellemontier, au dernier recensement de 1866, possédait 198 chevaux [*]. Le chiffre des bêtes à cornes était de 332 ; celui des moutons (troupes particulières) de 825. Les autres animaux sont en proportion, à l'exception des volailles, qui sont innombrables.

Quant à notre prairie, qui renferme plus de 750 fauchées, c'est un grenier d'abondance pour cette partie déshéritée de la Champagne, désignée par le vilain mot de pouilleuse ; dénomination injuste ou pour le moins trop sévère aujourd'hui.

Population. — En 1808, Puellemontier comptait 541 habitants. Pendant l'existence du collége, de 1839 à 1851, on compta de 560 à 601 habitants.

Après la chute du collége et le passage du choléra de 1854, le chiffre diminua et le recensement de 1861 ne trouva que 468 habitants. En 1866 on en comptait

[*] Il ne faut pas s'étonner de ce chiffre. M. Marchand-Débrienne, le plus fort cultivateur, a dans ses écuries 14 chevaux, 25 bêtes à cornes, etc....

9

486, dont 231 du sexe masculin et 255 du sexe fé-
minin. On compte 154 feux.

Le village, proprement dit, renferme... 374 hab.

Le hameau de Jervillers.... 52
Le hameau de La Borde.... 32
La ferme de Flassigny...... 14   112 hab.
La Chapelle-aux-Planches... 14

TOTAL....... 486 hab.

Revenus de la commune. — Le bilan des recettes
et des dépenses annuelles de notre commune est en
moyenne de 7 à 8,000 francs. Il reste peu d'argent en
caisse, quand on a payé l'instituteur, les sœurs, le
garde-champêtre, les cantonniers, les pompiers, en-
tretenu les chemins, les ponts, les édifices, etc....

Nous ne voulons pas, sur cette matière, entrer dans
de plus grands détails.

Statistiques particulières. — Avant de clore ce dernier chapitre, nous allons dresser quelques listes sur
les divers fonctionnaires qui, depuis un certain temps,
ont concouru à l'administration du pays en lui ren-
dant de signalés services.

Iᵒ Liste des Curés depuis 1668.

MM.

DERISSON....... 1668.
RICARD (Claude)... 1680. Il était prieur à la Chapelle.
RAYSIN......... 1699.
BARBARAT....... 1712.

THÉVENIN. . . . . 1718.

BERTRAND . . . . . . 1724.

JACQUOT. . . . . 1732.

FAVEREAU (J.-B.). . 1733. Sup^r des Minimes de Villiers.

PIERRET . . . . 1736.

THOLOZAN. . . . . . . 1744.

BRACONNIER . . . . . 1749. On ne dit pas s'il aimait la
chasse.

TOUSSAINT . . . . . . 1752.

BRIGEOT DE LAMBERT 1753.

Frère NORBERT. . . 1760. D'Irlande, religieux capucin,
anc. miss^{re} apostolique.

ROLLET. . . . . 1763.

DEMONGIN. 1769,

PITOIS . . . . 1772.

RIVOT. . . . . 1775.

DALICHAMP . . . , . . 1784.

BONNAIRE. . . . . . . 1787.

Outre ces vingt curés, nous avons trouvé plusieurs
noms de prêtres, de vicaires qui restaient peu de
temps.

Quand la révolution éclata, M. Bonnaire prêta serment et disparut.

Après la révolution, et lorsque le culte fut rétabli,
les desservants de Puellemontier furent :

MM.

JOLY, de. . . . . . 1798 à 1803.

CLÉMENT. . . . . . 1803 à 1805.

DROUOT (Grégre). 1805 à 1818. Né à Brienne, il mourut subitement le 15 juin 1818, âgé de 54 ans.

THIÉRIOT. . . . . . 1818 à 1820. Il était curé de Droyes

LAPIERRE . . . . . 1820 à 1823.

THIÉRIOT. . . . . . 1823 à 1826. Curé de Droyes.

GEOFFROY (Pre). 1826 à 1839. Il quitta le titre de curé pour diriger son collége.

VAUTRAIN . . . . . 1839 à 1844.

M. l'abbé Vautrain, professeur au collége de M. Geoffroy, dirigea la paroisse, sans avoir le titre de curé.

PERROT. . . . . . . 1841.

DIDELOT (Nicolas) 1844 à 1860. Né à Vassy en 1808, mort le 7 novembre 1860.

DIDIER (Nicolas-Charles), né à Doulevant-le-Château le 8 novembre 1829 ; ordonné prêtre le 3 mars 1855 ; nommé curé de cette paroisse le 4 janvier 1861.

IIo Liste des Maires.

M. DEBRIENNE paraît à la tête de la commune en 1693.

Près de cent ans plus tard, nous voyons :

MM. CORBET (Nicolas) avant 1790 jusqu'à 1792.

PESME (Jean-Baptiste-Nicolas), 1792.

REMY (Nicolas), 1793.
Premier officier municipal, à défaut de maire.

CORBEIL (Nicolas), 1794.

PESME (Jean-Baptiste-Nicolas), 1795.

(On voit que personne ne voulait occuper ce poste, à cette époque).

CORBET (Nicolas), 1796 à 1807.

DE MEYRONNET (Paul-Jean-Bapt.), 1807 à 1855.

DE MEYRONNET (Alphonse), nommé le 29 mars 1856

DE MEYRONNET (Georges), nommé le 8 avril 1862.

III° Liste des Adjoints.

MM. DESMEURS (Jean-Baptiste)... 1795.

GIRAUD............... 1800.

CORBEIL (Nicolas)........ 1816.

GALLOT-LEMOYNE........ 1822.

GAUTHIER (François)...... 1830 à 1858.

CORBET (Nicolas)......... 1858.

PINTAT (Jean-Baptiste)..... 1860.

HUMBERT-PESME......... 1863.

IV° Liste des Instituteurs.

MM. LEMOYNE (Joseph).... 1776.

PÉRETTE (François)... 1811.

MANCHIN (J.-Bapt.).... 1812.

LAFETTE (Nicolas).... 1819.

TRUCHET (François).. 1825.

COLSON (Jean-Bapt.).. 1839. Né à Droyes.

DUCHESNE (Jules)..... 1862. Né à Champcourt.

V° Liste des Sœurs institutrices.

MMes

Sœur HÉLÈNE (née Jacquemot). } Sœurs de la doc-
Sœur AGLAÉ............. } trine chrétienne.

Sœur FRANÇOISE. . . . ⎫
Sœur CÉLESTIN. . . . . ⎬ De la Providence de Langres.

Sœur CÉLESTIN. . . . . 1857 à 1865. Née à Dampierre.

Sœur ROSE. . . . . 1860 à 1865. Née à Harricourt.

Sœur EPIPHANE. . . . . 1865. Née à Poissons.

Sœur ALFRED. . . . . . 1865. Née à Châteauvillain.

VIᵒ Liste des membres du Conseil municipal et du Conseil de Fabrique.

Conseil municipal.

MM. DE MEYRONNET (Georges), maire.

HUMBERT-PESME, adjoint.

MARCHAND-DEBRIENNE.

LESEUR-GOUJAT.

CORBEIL-GALLOT.

CORBET-LECLERC.

GALLOT-RIBOUT.

GADEBOIS-MARTIN.

LARIQUÉ-DROUIN.

LECLERC-ROYER.

Conseil de Fabrique.

MM. DIDIER (Charles), curé.

DE MEYRONNET, maire.

CORBET (Antoine-Jérémie), président.

LESEUR-GOUJAT.

GOUTHIÈRE-GOSSEMENT.

HENRY-MARTINET.

REMY-MARTIN.

CONCLUSION.

En dressant ces listes et en citant tous ces noms, nous avons voulu payer une dette de reconnaissance envers toutes les personnes qui ont travaillé ou travaillent encore au bien matériel, moral et religieux du pays. En les parcourant, nos paroissiens verront avec satisfaction des noms qui leur rappelleront d'agréables souvenirs. On aime à répéter le nom du curé, qui nous catéchisait et qui nous fit faire notre première communion. On garde aussi bon souvenir de l'instituteur et de la sœur qui nous firent l'école. On salue avec respect la mémoire d'un magistrat, dévoué à la prospérité de la commune.

Que ceux donc qui dirigent le pays, le fassent toujours avec impartialité et dévouement à la cause publique; loin de nous les mesquines susceptibilités. Soyons tous unis pour le bien et rappelons-nous que « l'union fait la force » dans les petites comme dans les grandes associations.

Que nos paroissiens vivent fraternellement entre eux et avec les étrangers ; qu'ils conservent intactes leurs croyances religieuses et observent les lois de la Religion. Nous leur recommandons surtout la sanctification du dimanche, sans laquelle on n'est chrétien que de nom. C'est le moyen d'arriver à la pratique des lois de Dieu et de l'Eglise.

Tels sont les avis que nous avons cru devoir leur donner en finissant ce petit ouvrage, entrepris spécialement pour eux. Ces lignes ne renferment point un reproche pour le passé, mais simplement un encouragement pour l'avenir. Maintenons toutes les bonnes traditions dont notre pays a tout lieu d'être fier, et soyons sûrs qu'en persévérant dans la bonne voie, nous vivrons en paix avec nous-mêmes, avec les hommes et avec Dieu.

FIN.

APPENDICE

---

§ Ier

Notice sur l'abbaye de Boulancourt et sur Longeville.

Comme l'abbaye, que nous signalons ici, fut construite sur le hameau de Boulancourt, qui dépend de la commune de Longeville, nous allons d'abord dire un mot sur cet important village.

Longeville (*Longa Villa*) est à 7 kilomètres ouest sud-ouest de Montier-en-Der. Ce village qui, comme son nom l'indique, est fort étendu, fut donné à l'abbaye du Der en 1110 par Philippe, évêque de Troyes.

Plus tard, de 1200 à 1215, pendant que Raynaud II administrait le monastère du Der, Longeville avait alors pour curé un nommé Constant, qui eut avec l'abbé du Der de fortes contestations au sujet des droits que les religieux de cette abbaye exerçaient sur sa paroisse. Le Saint-Siége fut obligé d'intervenir et l'évêque de Châlons, Gérard, envoyé par le Pape, mit fin aux démêlés en donnant raison aux moines......

....

Le village de Longeville eut toujours une certaine importance dans les environs. Avant la division de la France en départements, en 1790, Longeville était chef-lieu de canton et faisait partie du diocèse de Troyes. Depuis cette époque, Longeville, redevenu simple commune, a toujours vu sa population se maintenir à un chiffre respectable. Aujourd'hui ce village compte près de 900 habitants. On y fait un grand commerce de porcs. Quelques coteaux bien exposés permettent d'y cultiver la vigne ; mais le vin est de médiocre qualité.

Longeville a vu, depuis quelques années, deux de ses enfants élevés au sacerdoce : M. Guidon, curé de Braux (Aube) et M. Pierret, vicaire à Chevillon.

L'église, qui se compose d'une nef et d'un seul collatéral, devait être autrefois plus complète. A l'extérieur du chœur, on voit des modillons garnis de figures grimaçantes annonçant une certaine antiquité. Quelques fragments de vieux vitraux peints font regretter les mutilations du temps. Les nouvelles verrières, où figurent six beaux personnages, font le plus grand honneur à MM. Erdmann et Kremer, peintres à Paris.

Le vieux clocher, qui était d'une construction inqualifiable, a enfin fait place à un clocher nouveau dont l'élégance peut exciter quelque jalousie aux environs *. Malheureusement l'unique cloche qu'il renferme est toujours enrhumée et crie miséricorde aux

* Il fut construit en 1864 par M. Gillet, entrepreneur à Montier-en-Der ; M. Fèvre étant curé et M. Lorez, maire.

habitants et à l'administration du pays. De sa voix plaintive elle demande qu'on la rajeunisse et qu'on lui donne deux agréables compagnes. L'église, de son côté, réclame aussi un second collatéral....

A environ 3 kilomètres du village, au couchant, se trouve le hameau de Boulancourt. C'est là que fut construite l'abbaye dont nous allons parler.

L'abbaye Notre-Dame de Boulancourt *(Bullencuria)* fut fondée vers la fin du xiᵉ siècle. Elle était habitée par des chanoines réguliers de Saint-Augustin, auxquels Philippe, évêque de Troyes, fit une donation en 1093.

Vers 1141, ce monastère reçut une nouvelle impulsion de la part de Constantin, abbé de Saint-Pierre-au-Mont, au diocèse de Metz.

L'abbaye reçut plusieurs donations importantes. La bulle confirmative des premiers dons qui lui ont été faits sur les terres de Beaufort (actuellement Montmorency), de Longeville, de Froide-Fontaine, de Perthes-en-Rothière, est du Pape Alexandre III, et porte la date de l'année 1173. Cette abbaye dépendait du diocèse de Troyes, mais le Pape Innocent III, par une bulle datée de 1198, la prit sous sa protection et l'exempta de la juridiction des évêques.

Les religieux, comme nous l'avons déjà dit, étaient dans le principe des chanoines suivant la règle de saint Augustin.

Roger (1124). Roger en était abbé vers 1124. Raoul lui succéda.

Giraud (1140). Giraud fut ensuite nommé. Cet abbé, contristé de quelques désordres qui se manifestaient dans le couvent, essaya d'y introduire la règle de saint Bruno; mais son zèle échoua. Tout à côté de ce couvent, se trouvaient des religieuses du même ordre; elles furent les plus difficiles à réformer. Giraud, voyant qu'il ne pouvait vaincre leur opiniâtreté, s'adressa à l'évêque de Troyes, Henry, en 1149, et se démit ensuite de sa charge d'abbé. Henry voulut d'abord calmer ces têtes ardentes par la modération, puis, en 1152, il chargea l'abbé de Clairvaux, l'illustre saint Bernard, le conseiller des papes et des rois, d'introduire à Boulancourt la réforme de Citeaux. Sa lettre au puissant abbé est curieuse à plus d'un titre :

« Si nous entourons, dit-il, de nos soins et de toute notre vigilance les églises établies dans notre diocèse, afin qu'elles parviennent à un état meilleur, nous espérons que celui qui prend soin de tout nous viendra en aide. Il y avait dans notre évêché une église de chanoines, nommée Boulancourt, ayant un abbé, des chanoines, des convers et aussi des religieuses, qui tous avaient en vue de vivre saintement; mais la discipline s'y étant relâchée, nous avons été appelé par ceux qui habitaient cette maison et nous y sommes accouru. L'abbé, les chanoines, les convers et les religieuses nous ont supplié de concéder à perpétuité leur église et tous ses biens à Dieu et à l'ordre de Citeaux, et spécialement à vous, vénérable père et à la maison de Clairvaux, pour que vous jouissiez de cette église et la réformiez selon la règle de Citeaux. L'abbé a même déjà déposé sa dignité entre nos mains et s'est retiré à Clairvaux. Voyant donc que le Dieu tout-puissant a, par votre sollicitude, votre sagesse et votre piété, éclairé et réformé presque tout l'univers, nous donnons à perpétuité à l'ordre de Citeaux, à votre paternité et à la maison de Clairvaux, l'église de Boulancourt avec toutes ses dépendances. »

A la suite de cette touchante lettre, les moines se soumirent en acceptant la nouvelle règle ; mais les religieuses ne cédèrent pas.

Saint Bernard crut lever toute difficulté en les plaçant sous l'habile et pieuse direction de sa sœur Emeline et de sa nièce sainte Asseline. Mais les deux saintes femmes, ne pouvant réussir à leur gré, quittèrent le couvent de Boulancourt pour retourner au monastère de Paulangy. Peu après, elles revinrent à Boulancourt après l'expulsion de quelques femmes rebelles. Alors les choses allèrent bien, sous leur bonne et ferme direction. Elles y passèrent le reste de leur vie et y furent enterrées après leur mort. Asseline mourut en 1195.

De là le culte encore exercé à Boulancourt envers cette sainte religieuse.

La maison des Dames de Boulancourt ne fut détruite qu'au XVIe siècle, après une durée de plus de 400 ans. Elle fut sans grande importance. On transporta les reliques de leur chapelle dans le couvent des moines qui, plus prospère, dura jusqu'à la grande révolution.

Voyons la suite de son histoire abrégée.

Martin (1153). Le premier abbé, après cette utile et efficace réforme de saint Bernard, fut Martin, qui gouverna sagement. Après sa mort, son corps fut enseveli dans le même tombeau que les évêques Henry et Mathieu. A la révolution, ce tombeau existait encore à la chapelle de Boulancourt; on y lisait cette inscription : *Hic jacent tres venerabiles viri Henricus et Matheus episcopi Trecenses et Martinus abbas hujus domûs;* c'est-à-dire : Ici reposent trois hommes vénérables, Henry et Mathieu, évêques de Troyes, et Martin, abbé de cette maison.

Nous ne savons comment et pourquoi les corps de ces deux prélats furent inhumés dans cette abbaye. Peut-être se retirèrent-ils à Boulancourt sur leurs vieux jours, après avoir quitté leurs fonctions épiscopales.

Pendant l'espace d'un siècle, de 1158 à 1267, les abbés qui se succédèrent portaient les noms suivants :

Odelin, Théodore, etc. (de 1158 à 1267). Odelin, Théodore, Milon, Jean, Bernard, Evrard, Thomas, Henry.

Jacques (1300). En suivant le cours des siècles ultérieurs, nous voyons que trois autres abbés célèbres avaient aussi une sépulture de choix dans la chapelle du couvent. D'abord l'abbé Jacques, qui mourut en 1304.

Picard (de 1508 à 1554). Plus tard, plus de deux siècles après, le célèbre abbé Picard de Hampigny, qui fut administrateur du couvent pendant 46 ans, de 1508 à 1554 ; la communauté alors ne comptait que 15 religieux. Ce fut cet abbé qui obtint le premier l'autorisation de porter la mitre et la crosse.

Elion Domancourt (1580). Le troisième abbé fut Elion Domancourt qui, même de son vivant, se fit faire un mausolée dont on a blâmé légitimement le luxe. Il mourut en 1587.

Nous sommes à l'époque des abbés commandataires. Boulancourt, comme les autres monastères de France, vit ses abbés nommés de par le roi.

Ferry et Gilbert de Choiseul (1625 et 1630). Parmi les abbés commandataires de cette abbaye, on remarque principalement, au XVIIe siècle, deux Choiseul. Le premier, Ferry de Choiseul, vers 1625. Le second, Gilbert de Choiseul, vers 1630. Mais plus tard, ayant été promu à l'épiscopat, il céda son bénéfice à son neveu de Grammont.

François de Grammont (1670). Ce François de Grammont, dit Malet de Graville de Drubac, était somptueusement abbé vers 1670.

Nous trouvons ensuite les noms qui suivent :

Jean de Catelan. Jean VIII, de Catelan, de Toulouse. Il devint évêque après avoir sagement dirigé son abbaye.

Son neveu, Jean-Marie de Catelan, le remplaça.

Nicolas Regnauld (1750). Les moines eurent

ensuite pour abbé Nicolas Regnauld, vicaire général de Paris. Il mourut en 1761, âgé de 79 ans.

De Castelane (1761). Enfin un des derniers abbés fut de Castelane, vicaire général de Chartres.

Telle est en abrégé la liste des principaux abbés qui dirigèrent le couvent de Boulancourt.

Pendant cette longue série, qui embrasse environ sept siècles, l'abbaye de Boulancourt reçut des seigneurs voisins d'importantes donations.

M. Bouillevaux, dans son *Histoire des moines du Der,* dit que Boulancourt, au moment de sa splendeur, comptait 400 moines. Si ce chiffre n'est pas une faute d'imprimerie, nous le croyons très-exagéré. Voici la preuve que nous en donnerons : sous l'administration de l'abbé Picard de Hampigny, qui fut à la tête du monastère pendant près d'un demi-siècle, de 1508 à 1554, et qui obtint le premier la faveur de porter la mitre et la crosse, le monastère, qui alors comptait plus de la moitié de son existence, ne renfermait que 15 religieux. Ce chiffre est bien loin de 400 ! L'abbaye du Der, autrement fameuse, était bien au-dessous de ce chiffre.

Quoiqu'il en soit, Boulancourt, à l'époque de la révolution, ne comptait que cinq religieux, dont le prieur était le père Humbert. Chaque religieux occupait trois pièces, ce qui fut blâmé sans raison.

L'église abbatiale, vaste et beau monument du XIIIe siècle, fut malheureusement démolie en 1797.

Les diverses propriétés de cette maison religieuse

s'étendaient sur trente-sept villages ou hameaux qui, depuis la division de la France en 1790, dépendent à peu près par tiers des départements de l'Aube, de la Marne et de la Haute-Marne.

Les comtes de Beaufort et les seigneurs de Longeville, d'Epothémont, de Hampigny, de Valentigny, de Perthes, de Rosnay et de Villeret, ont été pendant longtemps ses plus généreux bienfaiteurs. Mais ses richesses territoriales lui furent en partie enlevées pendant les guerres désastreuses qui, à diverses époques, ruinèrent toute la contrée.

Dans des temps plus rapprochés, cette maison religieuse fut encore obligée à de grands sacrifices pour venir au secours de l'Etat pendant les guerres de religion.

Aussi voit-on, d'après un compte-rendu exact de 1789, que, malgré toutes les donations considérables qui lui avaient été faites par tant de seigneurs et même par les derniers comtes de Champagne, cette abbaye ne jouissait, avant la révolution, que d'un revenu de 24,592 francs qui était partagé entre les deux menses abbatiale et conventuelle.

En prenant nos notes sur le couvent de Boulancourt, nous avons eu la bonne fortune de tomber sur une pièce que nous allons citer et qu'on lira avec intérêt.

En 1744, au beau mois de juillet, le prieur de Clairvaux, Guitton, visita le couvent de Boulancourt.

10

Voici la relation de sa visite, qui est du reste la description du monastère :

« Nous arrivâmes, dit-il, le 7 juillet, sur les six heures du soir. On monte de la cour au cloître un long escalier de pierre, à balustrade de fer, qui conduit d'abord à une grande salle tapissée de points de Hongrie et où il y a un billard et un métier à tapisserie auquel le prieur et un autre religieux s'occupent parfois. Les cloîtres sont bons, voûtés, blanchis et riants. Le chapitre est voûté singulièrement : il y a six piliers dont les deux premiers sont carrés, les quatre autres ronds. Il est assez mal en ordre ; je l'ai vu, il y a vingt ans, propre et boisé, avec des bancs autour ; il servait souvent aux actes de régularité à l'issue des primes.

« Dans l'allée de la collation, on voit des pierres rondes pour l'eau du *mandatum* le jeudi-saint et le samedi. Le réfectoire est boisé ; j'y ai vu manger certains jours, en portions et chacun dans son rang ; mais présentement c'est une salle où l'on a pratiqué une cheminée. La cuisine est proche, elle n'est point voûtée, mais il y a un puits. Il faut monter du cloître à l'église plusieurs marches près desquelles, dans le cloître, est une arcade dans la muraille qui semble être un tombeau. Le grand autel a sa table longue de dix pieds. On voit auprès le tombeau de la bienheureuse Asseline sur lequel même on dit parfois la sainte messe. On croit qu'elle était nièce de saint Bernard. On croit aussi que le bienheureux Goswin, qui a fait la vie de la sainte, est enterré dans le même tombeau. Près de la place du prieur pour la messe, on voit un fort beau tableau, grand, qui représente le voyage du Sauveur à Emmaüs. Dans la sacristie, on trouve d'abord deux hallebardes en un coin; on dit que deux hommes les portent à la procession de la fête de la Pentecôte à la chapelle qui est dans le petit bois voisin, qu'on célèbre la messe dans cette chapelle, qu'on y prêche et que le peuple y fait des offrandes en argent et en cierges. On me montra une grande pièce de la cuculle de saint Bernard, qui est dans un buste de bois. »

Après cet intéressant récit, Dom Guitton fait ensuite une longue description du riche tombeau de sainte Asseline.

Nous l'avons lue, mais, le temps nous manquant, nous n'avons pu la transcrire.

Comme nous pensons que l'abbaye de Boulancourt aura plus tard son histoire au complet, la description de ce monument y figurera parmi les meilleures pages *.

Disons seulement, en finissant cette courte notice,

---

* M. Dorez, le poëte de Boulancourt, se propose de faire cette publication. Cet honorable habitant de Longeville est arrivé, par suite de son attrait pour l'étude, à obtenir une certaine érudition. Il cultive, avec une égale facilité, la prose et la poésie. On connaît ses belles pièces de vers à son ami Dollet, dont il fit la connaissance alors que ce dernier était précepteur au château, puis professeur au collége de Puellemontier. Actuellement le poëte Dollet habite la ville de Vassy.

que le propriétaire de l'abbaye recueillit quelques reliques de sainte Asseline, qui furent déposées à l'église de Vassy en 1825.

Mais en 1800, les bâtiments claustraux devinrent la propriété du chevalier de Moncey, l'un des frères du maréchal de ce nom, et il y est mort en 1828.

Le fils du colonel de Moncey, héritier du domaine, est mort à Paris en 1846. Il avait commencé des travaux de restauration, mais sans goût, et après lui, au lieu de les continuer pour l'honneur des arts, on fit tout disparaître.

Il reste seulement, tout près, la petite chapelle de Sainte-Asseline où on fait chaque année un pèlerinage le lundi de la Pentecôte. Cette chapelle est dans un triste état; elle demande une convenable restauration.

Voilà, en quelques pages, le résumé de l'histoire de l'abbaye de Boulancourt, qui eut réellement son importance dans notre contrée. Cette abbaye était à environ deux kilomètres de notre monastère de la Chapelle-aux-Planches *.

---

* Extrait de l'ouvrage de M. Emile Jolibois sur le département de la Haute-Marne; extrait des archives de Chaumont et aussi du tome XII de la *Gallia Christiana*.

§ II

Courte Notice sur le village de Droyes

N'achevons pas ce modeste travail sans dire un mot sur nos chers voisins de Droyes.

Droyes *(Droya)*, à huit kilomètres nord nord-ouest de Montier-en-Der, sur la Héronne *, tire son nom du mot celtique *drea,* qui veut dire station. Il est probable que c'était dans l'origine une cabane élevée par les soins de saint Berchaire, vers 670, pour abriter les ouvriers qui défrichaient la forêt.

Nous avons vu plus haut que le moine Daguin naquit dans ce village, sur lequel il déversa une tache de sang, en donnant la mort à saint Berchaire.

Dans le ixe siècle, Droyes avait vingt-cinq menses *(mensa, table)* ou familles avec une église. Dans le xiie, ce village, devenu un des plus importants de la seigneurie du Der, comptait plusieurs rues, entre autres les rues de la Chapelle et du Montier.

La rue du Montier *(Monasterium, Monastère)*, portait ce nom, parcequ'elle conduisait à une abbaye de filles où existe encore un puits dans lequel, paraît-il, on jeta les cloches de la chapelle, après la destruction

---

* Cette rivière vient des étangs de la Contente, partie de la forêt du Der, passe à Planrupt, Droyes, Puellemontier, où elle se jette dans la Voire dont la source est à Sommevoire.

du couvent. Cet endroit est encore connu, parmi les habitants, sous le nom *des Abimeux*.

Il y eut également un simple ermitage, dans l'endroit où est actuellement la ferme appelée l'Abbaye-de-Hecq; on a prétendu sans raison que c'était un couvent. Cet ermitage fut détruit au XVIe siècle.

L'important hameau du Voy *(Via, Voie)*, possédait autrefois un château.

Il y avait aussi, sur le territoire de Droyes, une chapelle de Saint-Jean-du-Parc; elle fut transportée à Montier-en-Der quand on supprima les offices claustraux; deux religieux résidaient dans cette chapelle.

Un autre écart de Droyes, le Jard, était un fief mouvant de l'abbaye du Der et appartenait aux seigneurs de Puellemontier, comme nous l'avons constaté plus haut. Aujourd'hui ce domaine appartient, par héritage, moitié au château de Puellemontier et moitié au château de Rozières, habité par l'honorable famille de Joybert.

Citons ici, en passant, l'histoire d'un cordonnier de Droyes, qui avait de singulières prétentions.

Ce cordonnier, appelé Jean Sonnet, avait fait tonsurer (on ne dit pas si c'était avec son tranchet) ses deux fils, sans la permission de l'abbé du Der, à qui il appartenait de conférer cette dignité. L'abbé du Der, Simon, le fit condamner, en 1397, aux assises de Bar-sur-Aube, *à ôter ou faire ôter lesdites tonsures de clerc, réellement et de fait, et à en faire amende aux religieux.*

Qu'on juge de sa piteuse mine!

Le village de Droyes fut affranchi par François de Dinteville, abbé du Der, en 1515. L'abbaye de Montier-en-Der exerçait sur ce village, comme sur ceux du voisinage, différents droits. L'abbé de Dinteville fit avec nos villages une transaction en leur faveur.

Droyes, depuis une époque assez reculée, a toujours eu une population assez considérable. En 1808, on y comptait 1,006 habitants; ce chiffre a peu varié dans la suite. Au commencement de ce siècle, le commerce du pays consistait à fabriquer de grosses toiles. On en tissait annuellement de 20 à 25,000 mètres. Actuellement cette industrie a disparu devant les manufactures importantes de nos villes industrielles et aussi par suite de la concurrence des marchands ambulants.

Le village de Droyes est le plus disséminé de tout notre département; Il compte environ quinze écarts plus ou moins peuplés. Le hameau des Granges, par exemple, est à lui seul un petit village.

Nous nous bornons à ces courts renseignements sur le pays ˙.

Parlons maintenant de la belle église de Droyes. Ses dimensions sont vastes; elle mesure environ 35 mètres de longueur sur 15 mètres de largeur.

La nef et les collatéraux forment, de chaque côté, quatre travées dont l'ensemble et la gravité caractérisent le style roman primitif.

˙ Les édifices communaux sont bien tenus; la cure seule demande impérieusement une reconstruction entière.

Le portail, heureusement débarrassé d'un horrible avant-toit, a été avantageusement restauré. Quoique lourd, il est remarquable. Sa porte, à double vantail, est couverte de pentures en fer qui imitent des cordes dont les proportions et la symétrie fortifient et ornent en même temps l'entrée de la maison de Dieu. On n'ouvre le grand portail que pour les cérémonies solennelles ; habituellement la foule pénètre dans le saint lieu par deux petites portes carrées, placées de chaque côté du grand portail.

Dix fenêtres étroites et à plein cintre éclairent le haut de la nef ; trois donnent la lumière à chaque collatéral.

Le chœur, les transepts et le sanctuaire sont de la fin du xve siècle et appartiennent à l'architecture ogivale. L'effet qui en résulte est satisfaisant, mais moins riche et moins gracieux qu'à Puellemontier.

Une partie des piliers offre des cordons sculptés, les autres attendent le ciseau d'un habile sculpteur.

M. Voillequé, curé de la paroisse, a eu l'heureuse idée d'enlever les boiseries qui masquaient l'ensemble de cet édifice ; malheureusement les ouvriers maladroits qui les posèrent jadis, massacrèrent les piscines. A Puellemontier nous n'avons pas eu ce déboire ; nous les retrouvâmes intactes.

Onze fenêtres illuminent le sanctuaire et les deux chapelles latérales.

Les cinq du sanctuaire sont sans meneaux et sans tympans gothiques. Celle du fond, heureusement réou-

verte depuis peu, offre une verrière représentant l'As-
somption de la sainte Vierge (fête patronale du lieu).
Les quatre autres représentent les quatre évangélistes
en grand et les douze apôtres en petit. Trois fenêtres
sont déjà garnies ; la dernière attend une ou plusieurs
âmes généreuses pour achever la décoration. Les
auteurs de ce beau travail sont nos artistes de Paris,
MM. Erdmann et Kremer.

Des six autres fenêtres, trois seulement offrent
quelques verrières. Sur l'une on voit le martyre de
saint Etienne, aux couleurs vives et frappantes. Ce
sujet, mutilé par les années, fut délicatement restauré
il y a quelques années par nos artistes parisiens.
Même observation au sujet des deux fenêtres placées
au-dessus de chaque autel. Sur l'une on voit la légende
de saint Nicolas * ; sur l'autre figure une partie de la
généalogie de la sainte Vierge. Il est très-regrettable
que ces deux fenêtres soient à moitié murées, et qu'on
ait eu le vilain goût d'y adosser deux lourds rétables
dont l'effet offre un triste contraste avec le style de
l'église.

Comme on le voit, cette église est riche en vitraux
peints.

A chaque extrémité de l'appui de communion se
trouvent deux statues en pierre ; l'une représente saint

* De tous temps la dévotion à saint Nicolas fut grande à Droyes.
La confrérie de Saint-Nicolas, d'institution ancienne, offre sur
ses registres les noms d'un grand nombre de frères et de sœurs,
même des pays voisins.

Joseph, aux traits nobles, l'autre montre la Ste Vierge présentant l'enfant Jésus, qui tend ses petits bras avec amabilité. Ces deux statues sont les meilleures de l'église; elles sont du sculpteur Charton, de Dampierre (Aube).

L'église possède deux ou trois tableaux, attachés aux murs; l'un d'eux, peint sur bois, remonte au XIIIe siècle. Il représente le crucifiement du Sauveur; à droite et à gauche se trouvent saint Nicolas et sainte Catherine.

Les fonts baptismaux méritent d'être signalés. Ils sont en pierre blanche et sculptés dans le goût de la renaissance. On vient de les transporter à l'entrée de l'église et de les entourer d'une grille en fonte monumentale. Nous félicitons notre confrère au sujet de ce changement.

Par le baptême, en effet, nous devenons chrétiens et nous faisons notre entrée dans la grande Eglise Catholique, fondée par Jésus-Christ. Or il convient que les fonts du baptême soient à l'entrée du temple du Christ, puisque c'est son eau régénératrice qui nous y donne entrée. C'est la vie purgative, qui se continue au tribunal de la pénitence (au confessionnal). Le chrétien grandissant a besoin de la vie illuminative; cette lumière lui est donnée, plus avant dans l'Eglise, sur les bancs du catéchisme et du haut de la chaire de vérité. Enfin le chrétien a besoin de la vie nutritive et unitive; or il la trouve avec abondance à la table sainte, au fond de l'église, par la communion qui nourrit son âme en l'unissant à son Dieu.

Telle est la marche de la vie chrétienne; nos églises doivent en être la représentation, l'image.

Nous ferons remarquer que dans le pourtour du chœur, en dehors de l'église, on remarque plusieurs ouvertures ou meurtrières de 18 à 20 centimètres de long sur 5 de large. Elles sont percées dans des pierres évidemment rapportées; mais de ce fait on ne peut que conjecturer sans pouvoir donner aucune interprétation concluante.

Avant de terminer cet article sur l'église de Droyes, nous allons dire notre sentiment sur les travaux qui restent à exécuter pour en faire un édifice complet et remarquable :

1° Achever la décoration des vitraux du sanctuaire, en garnissant le cinquième vitrail;

2° Enlever les deux rétables des chapelles latérales, mettre en place deux autels gothiques, compléter les deux fenêtres en ôtant la partie murée et achevant les vitraux commencés;

3° Achever de faire sculpter les piliers;

4° Terminer les voûtes, surtout dans les collatéraux où des planches mises en biais font vilain effet.

La commune peut faire face aux dépenses que ces travaux exigeraient.

N'a-t-elle pas, tout récemment, entouré le cimetière d'un mur grandiose et digne d'une cité? Cette grosse et indispensable dépense honore les morts autant que les vivants; le pays peut à juste titre en être fier ainsi que l'administration qui y a contribué. Cette clôture était le rêve du regretté M. Robert, maire de la commune pendant si longtemps. Son successeur, M. Humbert-Pesme, a eu la gloire de réaliser le projet de son digne devancier. Si quelques personnes ont osé blâmer cette pieuse entreprise, faite dans l'intérêt et pour l'honneur de toutes les familles, nous oserons leur dire qu'en cela elles ont fait preuve de peu d'intelligence et surtout de peu de cœur.

Comme quelques personnes, à cette occasion, parlaient même assez haut de transporter le cimetière hors du village, disons un mot sur cette grave question.

D'abord, constatons qu'à Droyes le cimetière et l'église se trouvent à l'extrémité du pays. Ensuite les dix à douze ménages, qui s'en rapprochent, renfermaient, il y a peu, les personnes les plus âgées de la commune.... Preuve que le cimetière ne nuit en rien à la santé!

Il y a quelques années, le système qui consistait à reléguer le cimetière dans un coin perdu, était préconisé. Aujourd'hui, et fort heureusement, on en est déjà revenu. On comprend que cette méthode est opposée à la charité chrétienne et au respect qu'on doit aux cendres des morts.

Laissons donc ces membres qui dorment, à côté de ceux qui combattent et qui prient. C'est toujours la même famille, ne la séparons pas. Il est bon pour les vivants de traverser souvent le champ des morts ; la vue d'une croix, d'une fosse fraîchement remuée nous prêche la mort et la nécessité de bien vivre en l'attendant. De plus, au sortir de l'église, chacun va sur la fosse de sa famille y verser une goutte d'eau bénite avec une prière.

Or ces pieux avantages sont détruits avec un cimetière éloigné.... On n'y va plus.... On oublie les morts, déjà sans cela trop tôt oubliés.... C'est à peine si on y accompagne les corps aux jours des enterrements. Et qu'il est peu agréable alors de faire ces lugubres trajets par la neige ou la pluie ! Mais ce dernier inconvénient est encore le plus supportable.

Donc l'Eglise, les évêques, les curés, les bons chrétiens, ont raison de maintenir les cimetières près des églises. C'est dans l'ordre et la nature des choses.

Nos pères le comprenaient bien... On l'a parfaitement compris à Droyes, disons-le à l'honneur de nos voisins.

L'administration de Droyes, à sa grande gloire, a déjà beaucoup fait pour sa belle église, de concert avec M. le curé. Il faut espérer qu'elle achèvera plus tard l'œuvre commencée. Un pays qui possède une église remarquable, n'est-il pas fier de la montrer en détail aux étrangers, qui ne manqueront pas de l'admirer ? Une église riche, bien ornée, bien tenue, fait l'éloge du curé et de ses paroissiens.

Disons, en finissant, que les Droyens ont tout à gagner à ce qu'on visite la leur.

TABLE DES CHAPITRES

CONTENUS DANS CETTE NOTICE

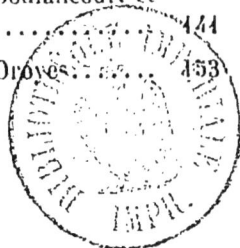

FIN.

Troyes, BERTRAND-HU, imprimeur de l'Evéché.